心の野球

超効率的努力のススメ

桑田真澄

幻冬舎

桑田の名が全国に轟《とどろ》いたのが、
PL学園1年生のとき。
甲子園初登場で
全国制覇《せいは》を達成した。

右／公園でボール遊びをする桑田。
幼少時は父から野球を学んだ。

中／ボーイズリーグの八尾《やお》フレンドに所属し、
数々のタイトルを獲得した。桑田は左端。
小学6年生の頃。

下／中学時代は学校の部活動に参加。
入学直後から、エース投手として活躍した。

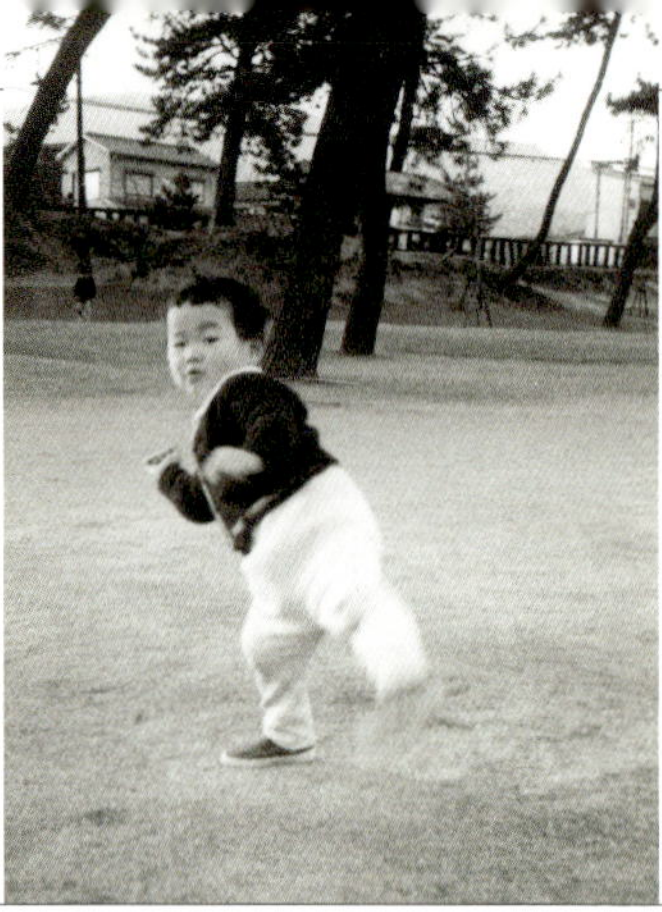

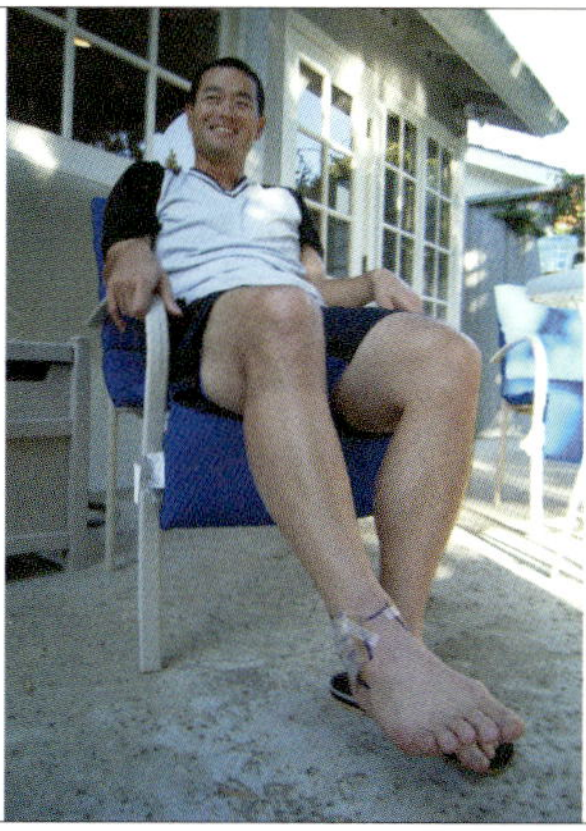

上／現役時代、桑田は2度の大きな怪《け》我《が》に
見舞われ、手術した。執刀医だった
フランク・ジョーブ博士夫妻と、桑田の妻・真紀さん。
左／大リーグ1年目のオープン戦時に審判と
激突し、足首を負傷した。術後に知人宅にて。

上／引退を決意した日、フロリダのキャンプ地
ブラデントンにて。
40歳を目前に引退を決意した。

左／在籍したジャイアンツ、パイレーツともに
背番号はエースナンバー「18」。
パイレーツのロッカールームにて。

ジャイアンツには21年間在籍。エース番号「18」を背負い、173勝あげた。
記録と記憶に残るプレーヤーであった。

写真＝石田雄太、桑田家アルバム、日刊スポーツ

心の野球

超効率的努力のススメ

目次

序章

２００8年3月末。僕は40歳の誕生日を目前に野球選手を引退することを決意した。あれから、早いもので約2年が経過した。

引退後は、全国を回って、講演や解説の仕事をしたり、早稲田《わせだ》大学大学院で学ばせていただいた。現役時代とは異なる経験ばかりだが、とても充実した時間を過ごすことができている。

僕は野球というスポーツを通じて、本当に様々なことを学んだ。だからこそ、今後はプロ、アマを問わず、この経験を野球界に還元《かんげん》していきたい。そして、やや特異な経験もしてきた分だけ、僕にしか書けないことも多々あると思っている。それを一冊の本に記《しる》すことで、読者の皆さんの人生や、野球人生の参考になれば、とてもうれしい。

この本で僕が伝えたいことは二つある。一つは「努力」という言葉の解釈《かいしゃく》だ。タイトルにあるとおり、僕は「超効率的努力」で自分のキャリアを形成してきた。

僕らの高校時代には厳しい上下関係があった。加えて「練習中は水を飲んじゃいけない」、に代表される非科学的な考えも蔓延《まんえん》していた。

「甲子園で活躍した投手は大成しない」

ということも言われ続けた。

けれど、僕は誰よりも甲子園で投げた、甲子園で連投した。そんな定説もあるなかで、その後もどうやって、23年もプロ野球選手としてプレーすることができたのか。

その答えは「努力」という言葉の僕なりの解釈にあるのだ。

皆さんのなかには、僕はがむしゃらに努力していたような印象《いんしょう》があるかもしれない。

でも、真実は違う。

PL学園時代、朝も夜も練習に時間をとられる。どう考えても自分が満足できるような勉強時間は捻出《ねんしゅつ》できなかった。それでも勉強を頑張り、よい成績を取ることができた。どうしていたのか、といえば、毎日30分間だけ机に向かったのだ。それから、授業の間の休憩時間の10分間は宿題や復習の時間にあてた。たったそれだけを黙々と実行し続けたのだ。

プロ野球選手となったあとも、無茶な努力はしなかった。怪我《けが》をしてしまったら、元も子もないからだ。巷《ちまた》でよくいわれるような1000本ノックを受けたり、1000回素振りをしたり、300球を3日連続投げるとか、そんな無茶な練習は決してしなかった。その代わり23年間、毎日毎日、1日10分とか15分、小さな努力を続けてきたのだ。

もちろん、きつい練習もときには必要だろう。

たとえば、ひたすらノックを受けることは、忍耐力《にんたい》を養ったり、下半身を鍛えるためにはいいかもしれない。しかし、試合で必要なのは普通のゴロを着実にさばける技術である。何メートルも走ってボールに飛びつく練習よりも、正面のゴロを何球も処理する方が、選手の守備力は確実に上がる。

また、指導者の方も、ついつい比較《ひかく》してしまうことも多いと思う。

「これ以上やらないと、お前はイチローになれない。清原みたいになれない！」「桑田がこれだけやったんだから、お前らももっとやらないとだめだ！」と。

だけれど、そういう派手なエピソードに惑《まど》わされてはいけない。

決して量ではない。よくいわれるような汗と血の結晶がプロ野球選手を生むわけではない。

一番大事なのは質。超効率的に、そして超合理《ごうり》的に練習し、努力することで僕は生き残った。だからこそ、無駄《むだ》な努力をする必要は一切《いっさい》ないと僕は実感している。

もう一つ、この本を通じて伝えたいことはスポーツマンシップの大切さだ。

僕は日本でプレーしているときから、ベースボールと野球は少し違うスポーツだという気がしていた。そして、メジャーリーグに行ったり、大学院で野球の歴史を勉強したりするなかで、その思いを再確認することができた。

ベースボールと野球の違いとはいったい何なのか。それは、野球を通じて人間性を磨こうとする姿勢にあると思っている。

礼儀を重んじたり、道具を大切にしたりすること。

ひとつひとつのプレーに決して手を抜かないこと。

技術だけでなく、心も大切にすること。

こうした価値観は、明治時代にベースボールがアメリカから伝わってきたときにはなかった。つまり、日本の野球界の先人たちが独自に創りあげ、脈々《みゃくみゃく》と受け継いできたものなのだ。

プロ野球選手の平均引退年齢は29歳だと言われている。この数字は、プロ野球選手としての人生より、引退してからの時間の方が圧倒的に長いということを意味している。したがって、野球選手が長い人生を豊かで幸せなものにするためには、単に技術を磨くだけでなく、社会で通用する人間性を養わなければならない。

僕は、野球は人間性を磨くのにとても適したスポーツだと思う。人より早く、怪我することなく上達するためには、スポーツ医科学を勉強することで効率的、合理的な練習方法を考える必要がある。孤独やプレッシャーに耐えながら、勝負所で実力を発揮するためのメンタルタフネスを養うことができる。相手チームや審判、チームメイトや自分自身をリスペクトする態度も身につけることができる。

しかしながら、野球界にはプロアマを問わず、課題が山ほどあるのが現実だ。「野球選手が勉強をしない」「素行が悪い」「ベンチや応援団が汚いヤジを飛ばす」といった問題は、日本に野球が伝わってから140年近く経っても変わっていない。「不効率な長時間練習」「指導者や先輩による体罰」「故障者にリハビリをさせず練習や試合に出させる」といった問題も解決していない。

戦前に早稲田大学野球部監督の飛田穂洲《とびたすいしゅう》先生が提唱した「野球道」は、今日でも十分に通用する精神だと思う。しかし、野球を取り巻く環境は当時とは大きく変わっているはずだ。したがって、「野球道」の精神、すなわち「スポーツマンシップ」の理念をいまの時代に合わせる必要があるし、理にかなっていない慣習は正していきたいと思っている。

ここに書いた内容は、あくまでも桑田真澄が自身の経験や見聞きしたことに基づいて導いたものである。したがって、いくつかある方法のうちの〝ひとつ〟であるということを認識して読んでいただければ幸いだ。

そして、野球を愛するみなさんからたくさんのご意見をいただきながら、野球界をよりよいものにするためのきっかけにしていきたいと思っている。

肘《ひじ》のリハビリ時、桑田は外野を走り続けた。その部分の芝が剝《は》げ上がり、「桑田ロード」と呼ばれた。

第1章 努力

努力は、量ではなく質である。
短時間で、効率的、合理的に
積み重ねてこそ成果がある。
そして、「表の努力」と「裏の努力」を
両立できてこそ、努力は報《むく》われる。

「中学に入ったら勉強するから！」

小学校高学年の頃、僕は母に対してきっぱりとこう宣言した。それ以来、母は僕に対して「勉強しなさい」とは一切《いっさい》言わなくなった。

小学生のときは、悪い子どもだったと思う。

毎日、喧嘩《けんか》と野球しかしていなかった。

授業は途中で抜け出すし、勉強は全然しないから、テストは0点のオンパレード。母はしょっちゅう学校に呼び出されていた。

さすがに業《ごう》を煮やしたのか、あるとき母に、

「あんた、いいかげん、勉強しなさい」

と言われた。

そのとき、とっさに口から出たのが冒頭《ぼうとう》の言葉だった。

とっさの返事ではあったけれど、口から出まかせではなくて、中学に行ったら勉強する

と約束したつもりだった。

市立の大正《たいしょう》小学校を卒業し、ほぼ同じメンバーで大正中学校に進学した。その時点での成績は、おおむね230人中220番くらい。

それでも、

「オレは勉強ができないなぁ」

と悲観することはなく、

「オレよりも後ろに10人もいるのか」

と、いたって楽観的にとらえていた。

そして、母との約束どおり、僕は勉強を始めたのだ。勉強の「中学デビュー」だった。

授業はしっかり聞いて、ノートもきちんととったし、勉強道具も机に入れっぱなしではなく毎日持って帰った。可能な限り予習復習は欠かさなかった。小学校時代の僕を知る同級生たちは、どうして急に勉強しだしたのか、不思議に思っていたかもしれない。

成績は、目に見えてあがっていった。少しでも予習をすれば、授業がよくわかるという喜びも知った。学年での順位は順調に上昇していった。それ以上、下にいくことはなかったわけだから、勉強すれば順位があがっていくのは当然だ。やがて100番台になり、130番、80番とあげていく。次は50番に入るためにどうすればいいかを考え始め、弱点を克服した。やがて、40番台、20番とあげていった。

なかでも英語の成績がよかった。というのも、英語は中学からみんな一斉にスタートする科目だったから、小学生時代のハンディもなかったのが大きかったのだ。出だしがよかったこともあって、以降、僕は英語が好きになった。

中学校でも何も迷うことなく野球部に入った。

小学校では「喧嘩と野球」が中心だった僕が、中学では「勉強と野球」が中心になった。

1年生は下校時間が17時と決められていたので、練習の途中で1年生だけ先に帰る。でも、僕だけは、

「おい、クワタは残れ」

と監督に言われて、2、3年生と練習を続けた。

練習が終わって、家に帰るともうヘトヘト。そこから食事を済ませると今度は素振りとランニングの自主練習を行っていた。その後がようやく勉強の時間になる。そして朝は6時起床、7時から朝の練習だった。もしかしたら、人生で一番忙《いそが》しかったのは、あの中学時代かもしれない。それくらい、毎日クタクタの日々を過ごしていたものだ。

当然、授業中は眠い。でも、中学ではちゃんと勉強すると母に約束したから、寝なかった。寝てしまうと、家で勉強しなければいけなくなるから、なるべく授業中に身につける

ようにしていた。

起きて集中して授業を聞いていると、テスト前に先生が授業のなかでヒントをくれていることがわかってくる。先生はそれぞれクセがあるから、大事なポイントでは黒板を叩《たた》いたり、

「絶対にやっておいてくださいよ」

と念を押したり。そういうことがわかってくると、授業にますます集中する。先生がサインを出したら、「いま、言ったぞ」とばかり、「テストに出るマーク」をつけていく。そのノートがあれば、テストでポイントを外すこともない。疑問があれば、授業のあとに先生に時間をとってもらい、理解するように努めた。これはPL学園に入ってからも続けた。

小学生時代は4月1日の早生まれということもあり、先生の言うことが理解できない、勉強もできない落ちこぼれだった。野球では落ちこぼれというわけではなかったけれど、3年生のときから6年生のいるチームに入って野球の試合に出ていたから、いじめられた経験もある。できることと言えば、喧嘩だけ。それが、中学生になって努力する楽しみを覚えた。そうすると、それが野球にも活《い》かされてくる。

努力する姿勢を野球にもち込んで、僕はどんどん上達したと思う。自分で言うのも何だが、中学時代は向かうところ敵なしという感じだった。大会に出れば、5試合に投げて4

完封、1完投は当たり前。相手の打球は外野にすら飛ばない。自分でもガンガン打った。

そして生徒会長を務めたり、小学校の頃からは想像できないほどの優等生として、僕は中学時代を過ごしたのだった。

この中学時代の経験が、僕に「努力の楽しさ」を教えてくれた。

やればやっただけ成果が出る。

努力を重ねたぶんだけ、結果が出るのだ。

努力は楽しまなければならない。


中学で努力の楽しさに気づけたことが、最終的には僕の野球人生にはとても大きな意味をもつことになった。

僕は身体《からだ》が小さい。それに、僕にはとてつもなく速いスピードボールがあったわけでも、絶対的な決め球があったわけでもない。

では、なぜ甲子園で20勝し、日本のプロ野球で173勝をあげることができたのか。

引退して改めて振り返ってみると、僕にはひとつだけ「才能」があった。それは努力を重ねるという才能だ。

自分の素質、才能などたいしたことはないと思っていたから、試行錯誤《しこうさくご》を重ねて、努力、努力、努力と、努力をコツコツと積み重ねてきた。

そしてその努力の特徴が合理《ごうり》的・効率的な短時間集中型ということだ。プロ野球選手となったあとも、無茶な努力はしなかった。怪我《けが》をしたら意味がないからだ。無茶な練習の代わりに、23年間、毎日毎日「50回のシャドウピッチング」を必ず続けた。時間にしてみたら、1日10分とか15分。

もちろん、きつい練習もしてきた。

けれども、練習は決して量ではないのだ。

ピッチャーの僕が甲子園でなぜ6本の本塁打を打てたのか。高校時代にはバッティング練習をあまりしたことがなかったけれど、それこそ効率的にバッティング練習をしてきたからにほかならない。それは、1日たった「50回の素振り」だった。ただこれは試合を想定して真剣にやった。だいたい人間は500回も1000回も全力では振れないもの。もしそんなに振るとすれば、手抜きせざるをえない。つまり脳や身体が手抜きを覚えてしまうのだ。

また野球の練習での努力だけでなく、PLの言葉で言うところの「徳《とく》を積む」ことも続けていた。

高校の夏の大阪府大会が始まる100日ほど前から逆算して、お参《まい》りをする。いつもは朝6時半起床だけれど、春の選抜大会のときなどにPLが行っていた念願《ねんがん》の時は6時半からお参りになる。みんなだいたい、6時くらいに起きるのだが、僕は5時半に起きて、一人でトイレ掃除《そうじ》をして、グラウンドの草むしりをして、それからみんなと念願に行った。目覚ましで同部屋の先輩やみんなを起こしちゃいけないから、目覚ましが5時半に鳴った瞬間、「リリリリーン」の最初の「リ」くらいで、パッと止めてガバッと起きる。そこからそーっと部屋を抜け出し、トイレ掃除をする。1年生のときなどは、先輩たちのユニフォームの洗濯《せんたく》などで寝るのは深夜1時過ぎだったから、睡眠時間は4時間くらい。でも今日は2階、明日は3階と決めて、毎日、違う場所のトイレを一心不乱《いっしんふらん》に掃除していた。

当時はほとんどチームメイトも知らなかったと思う。できるだけ見つからないように努めた。人間は多少の秘密をもっているから楽しいのだし、人に見つかってしまうと効力が半減してしまう気もしたからだ。そういう気持ちをもち続けることが、何かを成し遂げる大きな力になると信じていた。

1年生の大阪府大会4回戦で最高のピッチングをすることができたとき、僕は改めてそのことを実感した。

舞台は難波《なんば》の大阪球場。吹田《すいた》高校が相手だった。

1、2回戦は接戦だったため、みんなの雰囲気《ふんいき》はどことなく硬《かた》かった。
球場に着いたら、メンバーが発表される。

代打要員として滑り込みでメンバー入りしていた僕は、その発表をぼんやり聞いていた。

それでも主にチーム内の雑用が多かったから、頭のなかでは早くも、段取りのいい雑用のシミュレーションをしていたほどだった。

「9番、ピッチャー、クワタ」

みんなが一斉に僕を見た。

「えーーーー！」

みんなが叫んだ。

突然のことで一瞬事態が把握《はあく》できなかったが、どうやら本当に僕が先発で投げるらしい。

動揺した。

大阪大会が始まってからは、雑用や基礎練習が忙しくて、本格的なピッチング練習をする時間もなかった。

「試合まで時間があるから、待機してなさい」

そう告《つ》げると監督は、いなくなってしまった。

先輩たちは遠い目をしていた。

「なんで、1年のお前が投げるんや。春先は打たれてばっかりで一度は投手失格の烙印《らくいん》を押されたお前が……」

と訴《うった》えているのがよくわかった。

「あーあ、お前のせいで、オレたちの青春は終わった」

こうはっきり言ってくる先輩もいた。

僕は球場のベンチ裏で完全に孤立していた。

「近寄るな」

戦いを前にして、そんな雰囲気だった。

同じ1年生でメンバー入りしていた清原君や田口君も、自分のことで精一杯であまり僕のことをかばう余裕はなかった。

「あぁどうしよう、どうしよう。僕がボコボコに打たれて負けたら、3年生の夏が終わっちゃうよ!」

せめて前の試合が早く終わって、この息苦しさから解放されたいと思っていた。

ブルペンで練習を始め、先輩キャッチャーに向かってボールを投げても、そっぽを向いていて、全然やる気が感じられなかった。1年の僕が投げるというのが納得《なっとく》できていなかったのだ。

プレーボール。

チームメイトも敵のような気がする、四面楚歌《しめんそか》のなかで野球をやるような気分で、僕はマウンドにあがった。内野の守備位置につく先輩も、外野に走っていく先輩も、誰も声をかけてくれない。すでにスタメンだった清原君も少なからず不安そうに一塁の守備についているような気がした。

久しぶりの実戦マウンド。僕は意を決してボールを投げる。

ピュッとキレのあるボールがキャッチャーミットに吸い込まれていった。これは自分でも満足できるボールだった。中学時代によく投げていた伸びのある軌道《きどう》だった。

1回を危なげなく0点で抑《おさ》えた。

そしたら、先輩キャッチャーがやってきて、そっと言った。

「オレは、お前の味方や。がんばってくれ」

あれ？　さっきと違うな。

2回も、3回も抑えた。

内野からは「がんばれよ」と声をかけられた。

5回を抑えてベンチに戻ったら、みんなが笑顔で僕を迎えてくれた。

「大丈夫か。まだいけるか」

「ナイスピッチングだ」

結局、9回まで順調に投げて、僕は完封勝利をおさめた。

「野球の神様」は積み重ねてきた努力をきっとどこかで見ていて、評価してくれたのだ。

そのとき、僕は初めて確信した。

野球の神様は、努力をする人に降りてくるのだ。決して卑怯《ひきょう》な真似《まね》や手を抜いたりする人のところには降りてこない。普段のちょっとした行いや気持ちのもち方をきちんと見てくれていて、野球の神様が目に見えない力を与えて、助けてくれたのだ。そうとでも解釈《かいしゃく》しないと、あの投手失格の烙印を押されているタイミングで、納得いくボールが投げられた理由がわからない。今でもわからない。

その勝利を境《さかい》に、僕はエースとして甲子園に出場。「野球の神様」は僕を甲子園優勝に導《みちび》いてくれた。高校生活では全部で、5回（1年夏、2、3年の春夏）の甲子園出場の機会があるなかで、そのすべてに出ることができた。しかも、優勝2回、準優勝2回、ベスト4が1回という驚異《きょうい》的な成績をおさめることができた。

でも、その頃は、

「これくらいできて当然だ」

と思っていた。

「これだけ練習して、これだけ野球のことを研究して考えて、そのうえ精神力も極限まで鍛《きた》えているのだから、出られないわけがない」

とはいえ、そういう自信があったとしても、これは「実力がある」というよりも、何か見えない力が働いているとしか考えられない。いま、思えばこれはきっと日々の小さな積み重ね、「努力の結実」なのだ。

「表の努力」と「裏の努力」を説明しておくと、表の努力というのは、ランニングをしたり、ピッチングをしたり、要するに技術・体力をつける練習のこと。

裏の努力というのは、トイレ掃除だったり、草むしりだったり、挨拶《あいさつ》や返事であったり、ゴミが落ちてたら拾《ひろ》うことだったり、玄関先で靴が乱れていたら揃《そろ》えることだったり……野球とはまったく関係のない努力。もちろん、裏の努力をしたからといって、野球が上達したりはしない。

それでも、人の見えないところで善《よ》い行いをするということは、運とツキと縁《えん》を貯金してくれると僕は信じている。

表の努力がすべてではなく、目に見えない裏の努力も含めて、その人の実力になるのだと僕は思う。

そして、努力にも、バランスが大事。もちろん、努力の総量は少なくてはダメだが、多すぎてもダメ。ある程度《ていど》の「いい加減」さが必要になってくる。手を抜いてやるという意味での「いい加減」ではなく、ちょうどいい匙《さじ》加減という意味だ。

これは野球でも、勉強でも、人生においても、大事なこと。何をするにも、ちょうどよい加減、つまり「よい加減」を常に意識しておかないと、やりすぎたら身体を壊《こわ》してしまう。「よい加減」に練習して、「よい加減」に休養する。そうやって割りふることも大事なのだ。

絶対的な実力がある人は、それだけで戦えばよい。しかし僕はすごい実力があったわけではない。表の努力で技術と体力をつけ、裏の努力で運とツキを貯金して、表と裏をバランスよく両立させて、結果を残してきた。

甲子園で通算20勝をあげ、ジャイアンツへ入団した。
野球人生において桑田はエリートコースを歩んだ。

第2章

野球エリート

単に野球がうまいから、
エリートというわけではない。
野球もうまくて、「教養」もある。
自分を律する強い心と、
チームを一つにまとめる能力を備える。
そんな人間力のある人物こそ、
真の野球エリートである。

「クワタさんは野球のエリートですね」

エリートというと、感覚的に〝恵まれていますね〟〝選ばれた人間なんですね〟というニュアンスがあるかもしれないが、僕自身はそう言われて悪い気はしない。

なぜなら、野球に携《たずさ》わる人間はすべてエリートであってほしいと思っているから。本当のエリート、真のエリートというのは、家柄がいいとか、いい大学を出ているとか、お金持ちだとか、そういうことではない。野球の名門コースを歩んだとしても、それだけでは決してエリートとはいえない。

僕はエリートとは、野球が上手《じょうず》というだけでなく、野球以外の教養を身につけ、いいこともつらいことも、とにかくいろいろなことを経験し、豊かな人間性を備えている人だと思う。

昨今《さっこん》、高校野球の特待生制度が問題になっている。プロ野球の関係者の多くは、「知りません。存じません」一辺倒《いっぺんとう》だけれど、実際、プロ野球選手のなかには幼少の頃から野球の才能を認められて、特待生で進学してきた人が多い。それでも、そういう人は自分のことを特待生だったとはなかなか言わないのが実情だ。最終的に、それを認めたのは、僕のほかに数人しかいなかったようだ。そのことについては違和《いわ》感を覚えた。なぜなら、特待生であったということは、恥ずべきことでもなければ、過分《かぶん》な優遇《ゆうぐう》を受けるばかりでもないということがあまりにも知られていないように感じたからだ。

僕自身もＰＬ学園には特待生で入った。正直、自宅が決して裕福《ゆうふく》ではなかったからこの制度は大いに助かった。憧《あこが》れていたＰＬ学園から「うちに来てください」と言ってもらえたのだから、これほどうれしいことはなかった。

僕がＰＬ学園に入りたいと最初に意識したのは、ラジオで聴いた高校野球の中継がきっかけだった。あれは小学校５年生のある夏の日、所属していた八尾《やお》フレンドの練習が雨で中断した。当時は練習中に水を飲んではいけないという時代だったから、僕は口を開けて雨水《あまみず》を飲んでいた。ちょうどそのとき、ベンチに座っていた父母の方がつけたラジオから夏の甲子園大会の実況が聞こえてきたのだ。

逆転のＰＬ——。

当時、10歳だった僕にとって、このフレーズはものすごく魅力的だった。１９７８年の夏、ＰＬ学園は甲子園で初優勝を遂げた。のちにカープで活躍された西田真二《にしだしんじ》さんとタイガースに入団した木戸克彦《きどかつひこ》さん（現・阪神タイガース一軍ヘッドコーチ）のバッテリーを中心に、準決勝、決勝で奇跡の逆転勝利をあげて、日本一に輝いた。準決勝の中京戦では4点差の9回裏から、決勝の高知商戦でも2点差の9回裏から試合をひっくり返し、日本中に「逆転のＰＬ」の名を轟《とどろ》かせたのだ。僕もそのフレーズを耳にした。でも、実はそのときの僕は、ＰＬがどこにある高校なのかも知らなかった。ただ、「逆転のＰＬ」という言葉を聞いて、いいフレーズだなぁと感じたのである。母親に「ＰＬってどこにあるの？」と聞くと、「羽曳野《はびきの》だよ」と言われた。「近いやん！」。地元の大阪の、しかも八尾から近い羽曳野。それだけ近くであれば、自然と将来はＰＬで野球をやりたいと願うようになった。母親に「どこの高校に行きたいの？」と聞かれるたびに「オレは、ＰＬや。ＰＬに行くんや」と答えるようになった。

実際にＰＬ学園への進学が決まったのは中学2年生のときだ。あの頃、大阪には、のちにＰＬ学園での1年先輩となる清水哲さんという有名なピッチャーがいた。当時の清水さんは大阪府の準硬式野球の大会で2年連続の優勝投手になるなど、負け知らず。まさにナンバーワン。その清水哲さんのチームと試合があったときにＰＬ学園の関係者が見に来ていた。3年生だった清水さんが、中学の最後にどんなピッチングをするのか、視察に来ていたのだと思う。その大会で、僕たちのチームは延長戦の末に1対0で負けてしまった。でも、そのときに清水さんが僕のことを「あの2年生ピッチャーはいいですよ」と褒《ほ》めてくださったらしく、幸いにして僕は中学2年生のときに早くもPL学園へ行くことがほぼ決まった。中学3年のときには、大阪府内外を含めて、20校くらいから誘《さそ》いを受けたけれど、「PLに行く」という決意は一度もぶれなかった。ほかの学校が出した条件はすごかったことも記憶にある。「桑田君が入学してくれたら、他の野球部員も全員受け入れる準備がある」というところもあったほどだ。そういう条件を出されても、僕は決して揺《ゆ》るがなかった。

中学を卒業した僕は予定どおり、PL学園に特待生として入学し、研志寮《けんし》での寮生活をスタートさせた。

野球部の特待生＝野球だけやっていればいい。野球さえうまければ大きい顔をしていられる。

そう考える人もいるだろうけれど、僕はそうは思わない。

特待生という権利をもらう代わりに、学校に対して特待生としての義務も果たさなければならないし、特待生やスポーツ推薦《すいせん》だからこそ、きちんと振る舞わなければならないと考えていたのだ。それを先生たちが見たら、「特待生のやつらはいいぞ」「スポーツ推薦の生徒はしっかりしているな」となって、後輩たちも入学しやすくなる。

だからこそ僕は、自分を厳しく律していた。

制服を校則どおりに着る。しっかりと挨拶《あいさつ》をする。上履《うわば》きは踵《かかと》をつぶさずにきちんと履く。髪の色を変えない。勉強道具は丁寧《ていねい》に扱《あつか》う――。

授業中は椅子《いす》に背筋《せすじ》を伸ばして腰掛け、授業を聞きノートをとっていた。決して寝ることはなかった。

僕のクラスは体育コースだったから、練習練習で疲れていて寝ている生徒もたくさんいた。でも、それはそれで僕にはありがたかった。起きている数人の生徒で先生を独占して授業を受けられるようなものだ。それに授業の時間内で一生懸命やれば、勉強はほとんどそこで済ませることができた。そうすれば試験前に時間を費《つい》やすこともなく、ノートと教科書をさらっと見直して臨《のぞ》める。

運動部員が授業中に居眠りするのは、日本全国の学校で見慣れた光景かもしれない。しかし、それは本来あるべき学生の姿ではない。僕は、運動部員にこそ、勉強とスポーツの両立を求めるべきだと思っている。そして、そのためには授業と部活動の効率的な時間配分が必要で、周囲の大人が配慮しなければいけない問題でもあると思う。

話が少し逸れたけれど、勉強で大切なことは１００点をとることではなく、50点でもいい。次は51点以上目指すというその姿勢が大事なのだ。

これらは一見どうでもいいこと、と感じるかもしれないが、自分が与えられた立場を理解して、一生懸命がんばる姿勢を見せること、それこそが特待生であり、真の野球エリートに通じているんだ。たとえ、野球だけではなく勉強でもがんばる姿勢、諦《あきら》めないという姿勢がスポーツマンとしてのあり方ではないだろうか。

最近の特待生に関する報道を見ると、一般に入学してくる生徒と比較《ひかく》して、優遇されている側面ばかりが取り上げられている。しかし、特待生だからこそなおさら野球だけではなく、勉学もがんばり、校則も守り、その学校の模範《もはん》や規範《きはん》でなくてはならない。

ただ、そういう能力や考え方は簡単に身につくものではない。だから僕が指導している麻生《あさお》ジャイアンツ（桑田が会長を務めるボーイズリーグのチーム。拠点は川崎市麻生区）の中学生たちには、今から野球エリートを目指してもらいたいと思って指導している。練習時間もダラダラ設定せずに、効率よく短く練習し、遊ぶ時間、勉強する時間などを作るようにしている。野球しかわからないような人間にはならないように気をつけているのだ。野球だけでなく、勉強や遊びからも、忍耐力や責任感、自立心などを養い、自分を高めることができると思う。

また、「挨拶」「返事」「道具」の三つに関しても厳しく指導している。

とくに、挨拶は大事だ。野球人である前に、一人の人間として、挨拶は基本中の基本。だから、挨拶に関しては強制的に押しつけることもある。

グラウンドに来たとき、きちんと挨拶できなければ、「ちょっと来い」と呼んで、帰らせてしまうこともある。「もう一度、挨拶をさせてください」と言って食い下がってくる子どもには反省のために正座《せいざ》をさせる。試合や練習が終わったあとも、付《つ》き添《そ》いのお父さんやお母さんに向かって、「ありがとうございました」と挨拶させるようにしている。そのときには、全員、気をつけの踵が揃《そろ》っていないと、揃うまで、何回でもやり直し。挨拶だけは、厳しく、キチッと教えておきたいのだ。挨拶こそが野球エリートへの第一歩かもしれない。

「道具」に関しても同様のことが言える。グローブやスパイクを磨《みが》いていない子どもや、バットを粗末《そまつ》に扱っている子どもがいたらすぐに注意している。自分で買った道具であればどう扱おうと本人の勝手だが、お父さんお母さんが一生懸命に働いて買ってくれたのであれば、ありがたみを理解してほしいと思うからだ。麻生ジャイアンツでも、手入れしていないと練習させない。

「帰れ！　家でテレビゲームしていたらどうだ？　ゲームは楽しいやないか」

などと言っている。

僕自身も子どもの頃はよく注意されたものだ。

少年野球には小学5年生から参加した。硬式のボールを握《にぎ》れる喜びを胸に抱《いだ》き、グラウンドに行った。

初めて練習に行ったときのことだ。コーチが、

「はい全員、グローブとスパイク、シューズを持って集合！」

と声をかけた。

僕は小さい身体《からだ》を躍動させながら、ダッシュしてコーチのもとへと走った。

「よし、いよいよ硬式ボールデビューだ」

とワクワクした。

「はい、みんなグローブとスパイクを見せなさい」

全員、コーチの前に差し出した。

「お前ら、野球をさせてもらうのに、このグローブとスパイクでやるのか？」

誰ひとりとして磨いていなかった。土埃《つちぼこり》をかぶったままの茶色いグローブとスパイクだった。

「明日までに全員磨いてこい！」

練習が終わり、家に帰ったら母にスパイクの磨き方、父にグローブの磨き方を教えてもらった。その日以来、僕はスパイクとグローブをいつも自分で磨いた。それはプロに入ってからも変わらなかった。

道具を粗末に扱う選手はプロフェッショナルじゃないと思う。試合中に悔しさでグローブを投げつける、バットを叩《たた》きつける。そういう姿はテレビで放映されて、子どもたちも観ている。プロの選手は、プレーだけでなく、マナーも手本になるようにしてもらいたいものだ。

2年間のメジャーリーグ生活で、僕は胸を痛めることが多かった。チームメイトの誰ひとりとして、グローブを磨いているところを見たことがないし、グローブやバットを蹴《け》ったり、放《ほう》り投げたりするのも日常茶飯事だったからだ。だから僕は誰かが「あぁ蹴るだろうな」と思ったら、その選手から目を背《そむ》けていたくらいだ。

逆に僕が試合後にスパイクやグローブを磨いていると非常に珍しがられた。

「ニコ（桑田の愛称）はなんで自分で磨くんだ？　道具係がいるのだから彼らに任せればいいじゃないか」

確かにそれはそうかもしれないけれど、だからといってグローブをクッション代わりにして座ったり、バットを投げ捨てたり折ったりするのは違うと思うんだ。彼らも貧しいときには道具を大事にしたはずなんだけれど、年俸《ねんぽう》をたくさんもらうことによって、メーカーと契約したり「いつでももらえる」などと慢心《まんしん》してしまう。

あるとき、話してみたことがある。

「なんで道具を大切にしないの？　昔は買えなかったでしょう？」

と言うと、

「昔は昔だよ。今はお金があるからいいんじゃない⁉」

と、とても残念な答えが返ってきた。

これはもう仕方がない。これがアメリカなんだと思うしかない。

スパイクを磨きながら、グローブを磨きながら、一日の反省をする。明日の練習や試合に向けて、「またよろしくな」とメッセージを込める。そうすることによって、グラウンドで滑《すべ》ることを防げるかもしれない、本来なら捕《と》れないピッチャーライナーが運よくグローブにおさまるかもしれない。根拠はないけれど、僕はそう思うから、道具を大事にしたいんだ。野球エリートはそうあってほしい。

第3章

怪我は勲章

1997年4月6日。肘《ひじ》の怪我《けが》からカムバックした桑田は、プレートに右肘をつけ、野球の神様に感謝した。

自分は怪我《けが》や病気なんてしない、
僕はそう思っていた。
でも、スポーツをしていれば
そんなことは決してない。
怪我とはうまく付き合っていくべきだし、
怪我から多くのことを学び取ることができる。

いつもの背番号18のユニフォームに袖《そで》を通した。661日ぶりの公式戦だった。

1997年4月6日。僕はゆっくりと東京ドームのマウンドに向かって歩いた。僕の横を守備につく選手たちが走っていく。

マウンドにあがり、手術した右肘《ひじ》をプレートに置いて、マウンドに顔を伏せた。

「帰ってきました。ありがとうございます」

心からお礼の言葉をつぶやいた。

野球の神様に、家族に、ファンに、そしてフランク・ジョーブ博士にお礼を言った。

もし、手術を乗り越えて、復活することができたなら、右肘をマウンドに置いて、感謝の気持ちを表そうと決めていた。

その日から遡《さかのぼ》ること、約2年。1995年5月24日の東京ドームで、ファウルボールにダイビングキャッチを試《こころ》みて右肘を強打し、それ以来、僕は公式戦のマウンドから遠ざかることになった。

当初の診断は右肘の関節炎というものだった。僕は登録を抹消《まっしょう》され、２週間ボールを投げることを禁じられた。その後、６月に入って少しずつキャッチボールを始めた。

そして6月15日の阪神戦。急遽《きゅうきょ》先発マウンドにあがった。肘に違和《いわ》感があるなかで、５回途中で降板した。

中４日あけて6月20日の中日戦。先発を言い渡された僕は、しっくりこない思いを抱《いだ》きながらブルペンで投げていた。そのとき、

「ピシッ」

と、右肘に衝撃《しょうげき》が走り、ボールがとんでもない方向に抜けていった。僕は登板を回避《かいひ》せざるをえなかった。

右肘関節炎という診断だったが、内側側副靭帯《ないそくそくふくじんたい》の部分断裂《だんれつ》ではないかと改められたのは8月に入ってからのことだった。僕はその部分を筋力でカバーすべく、トレーニングをしたのだが違和感は一向に消えなかった。投げられなくもないけれど、一試合もつかどうかはわからなかった。

「やっぱりアメリカに行って、肘の権威《けんい》であるジョーブ博士に診《み》てもらおう」

9月2日、僕はロサンゼルスに向かった。

当時僕は楽観視していて、ジョーブ博士に、「手術する必要はないね」と言ってもらえ

るであろうと、そのお墨付《すみつ》きが欲しくて渡米した。だから、周囲にも明るく接していた。

そしてセンチネラ病院に診断《しんだん》へ向かい、ジョーブ博士と対面をした。

触診《しょくしん》をしてすぐに、博士が言ったことに驚いた。

「こういう痛みでしょう？」

と右肘の違和感を言い当てられた。

誰に説明しようと思ってもできない、投げてみなければ感じられない違和感を、エックス線写真と触診だけで再現した。そしてジョーブ博士は黙り込んでしまい、僕は察したのだ。

「ドクター、手術ですね」

ジョーブ博士は少し間を置いて「イエス」と。

「君には手術が必要だ。手術せずにあと1、2年で終わってしまうのか、あるいは手術してあと10年、第一線でやるか。僕には自信があるから任せなさい、完全な手術をしてあげるから。その代わり君も完全なリハビリをしなさい。そうすれば50パーセントと50パーセント、二人あわせて100パーセントになる。100パーセントなら今までと同じじゃないか？　私を信じなさい」

そこからは僕がこの肘でどれくらい投げてきたのか、高校時代の連投の話から、プロに入ってからの190球投げて完投した話をしたり、1994年の日本シリーズのビデオも見てもらった。

「ミスター・クワタ。君はそんなに投げていたのか。僕が見る限り、この日本シリーズのときにはもう靭帯はかなり弱っているぞ」

と言いながら、ジョーブ博士はビデオを痛々しそうに見ていた。

やはり、どうにも気持ちの整理がつかない僕は、「手術を受けなければいけないだろうな」と思いながらも結論を先延ばしにして、いったん帰国することを決めた。


僕が痛めた箇所《かしょ》は、右肘の内側の関節と関節をつなぐ組織で、上腕骨《じょうわんこつ》と尺骨《しゃっこつ》をつなぐ靭帯であった。肘の関節は実に複雑な組織で、3種類の骨を関節包《かんせつほう》が包み込んでできあがっている。それを何種類もの筋肉と靭帯がつなぐことで、曲げたり伸ばしたりひねったりを可能にしている。いわば、ピッチャーとしての腕のしなりを支えてくれる一番大切なところだ。

日本では、ジョーブ博士に同じような診断を受けて手術せずに回復した野茂英雄《のもひでお》君（元ドジャースなど）や実際に手術を受けた廣田浩章《ひろたひろあき》君（元ヤクルトなど）、村田兆治《むらたちょうじ》さん（元ロッテ）の情報も集めた。

結果、手術をして完全に元に戻った選手は皆無《かいむ》だということがわかった。村田兆治さんも手術後はあまりの痛みに耐えかねて、痛み止めを飲みながら投げていたそうだ。

でも、僕はジョーブ博士の言葉を信じようと思った。

「あと1、2年で終わってしまうのか、あるいは手術してあと10年、第一線でやるか」

完全復活して、また投げたい。長年の目標である40歳まで投げたい。そう思った。

手術当日、僕はベッドに寝かされたまま、手術室に運ばれていった。真上をジッと見つめていると、廊下の電球がパーン、パーンと視界から走り去っていく。まるで映画に出てくるワンシーンのようだなと思っていた。

「怖い。ピッチャーの宝である右肘にメスを入れたくない。でも、そうしないともう投げられない。しかし、本当に治るのか。もう二度と投げられなくなるのではないか」

そんなことを考えていると、僕は次第にこらえきれなくなり、いつしか涙を流していた。ベッドに横になっているわけだから、その涙が耳のなかに流れ込む。これほどの恐怖感と闘いながら右肘にメスを入れたのだった。

手術前のベッドの上で僕は誓った。

「絶対にリハビリも成功させて、マウンドにもう一回、あがってみせる」

プロ10年目の10月10日だった。手術室の中にはエリック・クラプトンの音楽が流れていた。以前、病院のスタッフに「フェイバリット・ソングは何?」と聞かれていたことを思い出した。

手術室にジョーブ博士が入ってきた。

「ボールはどうやって投げるんだい? やってみせてごらん」

僕はベッドの上で、上半身だけのシャドウをやってみせた。

「グッドピッチ」

ジョーブ博士のその言葉が記憶の最後だった。博士は投げるイメージを僕に抱かせたまま、麻酔《ますい》をほどこし、僕は眠りに落ちた。

手術後、ジョーブ博士は僕とメディアにこう言った。

「われわれの技術も格段の進歩を遂げています。マスミ・クワタのケースは筋肉も神経もまったく傷つけないで手術を行うことができましたし、回復はミスター・ムラタよりずっと早いと思います。それにリハビリのメニューを完全にこなすことができたら、元どおりに投げられるはずです」

単調なリハビリを続けるのは、とてもつらいことだった。手術を受けて成功した人はいるけれど、リハビリに成功した人は少ない。それは「今日はこのくらいでいいや」というほんのわずかの慢心《まんしん》が生まれるからだ。

リハビリを続けて、少し投げられると感じたとき、10メートルの距離から、20球だけのキャッチボールができた。そのとき、僕は小さな夢を叶《かな》えたと思った。人間には大きな夢と小さな夢がある。大きな夢が東京ドームで投げることなら、小さな夢は、どんな短い距離でもいいからもう一度、ボールを投げるということだった。小さな夢を叶えていくことが、大きな夢を叶えることにつながる。

リハビリの毎日は、小さな夢を叶えることの連続。日常生活でも、僕は小さな夢をいくつもつようにした。右肘のリハビリのために、使いにくい象牙《ぞうげ》の長い箸《はし》を用意して、食事をするようにした。しっかりつまめなければ、箸から料理がこぼれ落ちるのだが、わざわざ豆の料理を作ってもらって、それを箸でつまむ練習もした。

ファンの方に求められるサインも、アルファベットの「Ｋｕｗａｔａ　18」から「桑田真澄　18」に変えた。

筆ペンを使って漢字を書くことで、指先を馴《な》らすことができればという気持ちからだった。

指先の感覚とリズム感を失わないためにピアノを習い始めたことも、ポリフェノールが身体《からだ》にいいと聞いてワインを飲むようになったことも、僕にとってはすべて、リハビリの一環《いっかん》だった。

毎日、同じことの繰り返しで、何もやることがないと、本当に復活できるのかなとか、またあのマウンドに立てるのかなとか、余計なことを考えてしまう。だから、起きている時間をいかに有効に使うかを常に考えていた。

練習のあと、ワインの勉強を1時間、英語を1時間、ピアノに2時間、熱中することで、その間は不安な気持ちを忘れることができたのだ。

リハビリのために通ったジャイアンツ球場で、僕はできることを全力で続けた。毎日、外野のフェンス沿いを走っていたら、その跡は芝生が剝《は》げてしまった。それが「桑田ロード」と名づけられたことを知ったのはずいぶんあとのことだが、その当時は、芝生の上を走るだけの自分に対して、苛立《いらだ》ちを感じていたことも事実。そんなとき、僕は自分を鼓舞《こぶ》するためにこんな言葉をボールに書き記した。

I am a professional among professionals.

僕はプロ中のプロだ、という意味。僕は野球選手だから、野球のプロフェッショナルでありたいと思っていた。生活のすべてが野球のためだという、徹底《てってい》したプロ意識。そういう意識をもてる人こそが、真のプロフェッショナルだ。

そう考えるとスポーツ選手は、怪我をしたときには、リハビリのプロにならなければならないと僕は考えた。どんなに投げられそうだと思っても、どんなに投げたいと思っても、焦って投げることには何の意味もない。単に早く復帰することよりも、完璧《かんぺき》に治すことが大事だと自分に言い聞かせて、そこで我慢する。それができる人が、リハビリのプロだ。

完璧な手術をしてくれたジョーブ博士に応《こた》えるためには、完璧なリハビリをしなければならないんだと自分を励《はげ》ましていた。

スポーツに怪我はつきものだ。でも、怪我の再発防止を心がけることはできる。念入りにストレッチをする。身体の柔軟性を保つ。お風呂のなかでマッサージをする。お風呂で自分の指でマッサージをすれば、握力《あくりょく》がつく。怪我とはそうやって地道に付き合っていくものなんだ。

僕は、自分だけは絶対に怪我をしないと思っていた。これだけの節制をして、これだけの努力をしているんだから、怪我などするはずがないと確信していた。でも実際には僕は2度も大手術をした。

僕の右肘と右の足首には傷跡《きずあと》がある。どちらも試合中に負った怪我を治すために、メスを入れた跡だ。僕はこの二つの傷を、勲章《くんしょう》だと思っている。

右肘にメスを入れたのが、27歳の秋。そして、右足首にメスを入れたのが39歳の秋。思えば、高校1年で夏の甲子園を制してから12年で一つ目の勲章を、さらにその手術から12年後にまた手術を受けることになって、二つ目の勲章を得たということになる。

怪我をしてみてはじめて、その痛みや苦しみ、手術の怖さ、リハビリの大変さなどを理解することができた。手術は本当に大変で、そのときは苦しくて怖くて仕方なかったし、リハビリのときの精神的な苦しさは二度と味わいたくない。

プロ野球選手として、手術を受けるというのは「超」のつくマイナスな出来事。手術しなければ、その後、野球ができなくなるわけだから、それ以下はないと言っても過言ではない。でも、それを勲章だと思えるのは、それだけ僕はあのダイヤモンドのなかで、マウンドの上で、ベストを尽くしてきたということ。

いま振り返れば怪我をしてよかったなと思える。今後、僕が指導者として若い世代と向き合っていくとき、彼らの苦しみや痛みを理解し、アドバイスをおくることができるからだ。怪我をしたときはとてもショックだったが、今ははっきりと言える。怪我は僕にとって、かけがえのない財産であり勲章だ。

1985年、ドラフト1位で読売ジャイアンツに入団し、2006年に退団。21シーズンを過ごした。

第4章 試練

「目の前に起こったことはすべてパーフェクト」
たとえ試練に遭遇《そうぐう》したとしても、
それは必然であり、
乗り越えることで人は磨《みが》かれていく。

僕の野球人生にはスキャンダルや悪い印象《いんしよう》が付き纏《まと》った。

その多くは僕自身が野球以外に社会経験がなく、甘かったとしか言いようがないことばかりだった。時を経《へ》た今だからこそ、すべて潔白《けっぱく》だということが証明されたが、やはり自分自身に甘さがあったことは認めざるをえない。

それ以外にも怪我《けが》やドラフト問題など、多くの試練があったのだが、人生で最初の大きな試練は中学3年生のときの進学問題だった。

先にも記したように、僕は中学2年生の段階で「高校はPL学園に行く」と決めていた。ところが、中学3年生のあるときに先生に呼び出されてこう言われた。

「桑田君が行ってくれれば、ほかの生徒も（セットで）受け入れてくれるという高校があるんだ。進学校でもあるし、桑田君、その高校に決めてくれないか?」

「先生、それはできません」

僕は即座に断《ことわ》った。

先生は生徒を送り出す側だから、僕がそこに行けば何人もの進路が片づくから楽なのかもしれない。でも、きちんと子どものことを考えたら、そんなことはできないのではないか。僕についてくる形で自分の実力以上の高校に行ってしまったら、高校でレギュラーを取るのは難しいだろう。生徒にとってはとても残酷《ざんこく》なことであるし、その生徒の野球人生がそこで終わってしまうかもしれない。僕は丁寧《ていねい》に説明した。

しかし、次に発せられた先生の言葉に、僕は絶句した。

「お前には友情がないのか？」

先生が言う「友情」の意味が理解できず、僕は言った。

「そんなのは友情ではありません。自分に合った学校に行くように勧《すす》めるのが友情であり、お言葉ですが、教育じゃないでしょうか」

と返したのだが、

「お前は冷たい男だ。友情がない」

そして、畳《たた》みかけるように、

「お前をＰＬには絶対に行かせないぞ！」

とまで言われた。それまで僕は学校の規則をすべて守るようなタイプの生徒だったはずだ。ところがこの進学問題以降、結果的に、

「友達を裏切って自分のわがままでPLに行くという薄情者《はくじょうもの》」という烙印《らくいん》を押されてしまうことになる。そして学校に居場所《いばしょ》はなくなり、僕は中学3年の3学期に別の中学に転校することになった。中学生最後の年の3学期に転校することが、どれほどつらく、寂しいことだったか。約3年間一緒に過ごしたチームメイトに後味《あとあじ》が悪い形で別れを告げ、クラスメイトたちにも後ろ指をさされ、僕はひっそりと転校していった。

転校先でも当然居心地《いごこち》は悪い。「何か問題を起こしたから転校してきた」と思われていたのだろう。誰も話しかけてはこなかった。ひたすら下を向いて過ごし、高校進学のときが来るのを辛抱《しんぼう》強く待っていた。

今でもこれだけは言える。

僕の考えは間違っていなかったはずだ。そして僕自身、まったく後悔していない。

このことから学んだ教訓がある。

大人はみんながみんないい人ではないということ。先生は、全員いい先生ではないということだ。

先生だって、友達だって、人間自分が一番かわいい。だから人を利用したり、突然手のひらを返したり、そういうことはあるものなんだ。

よくよく考えると彼らと生涯をともにするわけではないのだから、

「いい勉強をさせてもらったな」

というふうに今は受け止めている。

人を恨《うら》むことは無駄《むだ》なんだ。

いつかきっと、この経験は活《い》きてくる。いや、活かさないといけないんだ。そうやって前向きに考えて、人生は楽しく生きなければならない。それに僕の考えは古いかもしれないけれど、ひどいことをした人は、どこかで罰《ばち》が当たるようになっているはずなんだ。恨みは、お天道《てんとう》様に任せておけばいい。

「負けるが勝ち」という言葉がある。

希望した学校に入れなかった。

希望した会社に入れなかった。

希望したテストに合格できなかった。

もちろん、希望したとおりにできれば、それはそれで素晴らしい。だけど、自分の希望が通らなくても、それはそれで神様が与えてくれた「試練」なんだと思う。

ＰＬ学園の入学式の前に、ＰＬの先生から自宅に連絡が入った。

「田口君と清原君とキミ、新入生3人で軽く練習しないか?」

僕は快諾《かいだく》した。

PL学園での僕たちは、田口権一《けんいち》、清原和博、桑田真澄の3本柱が3年生になる年には間違いなく、全国制覇《せいは》を狙《ねら》えると言われていたのだ。

当日、僕が用意された部屋に通されると、二人が先にソファーに座っていた。

「桑田君、田口君と清原君だ」

と先生が紹介してくれた。

「どうも」

挨拶《あいさつ》すると、彼らがゆっくりと立ち上がった。この身体《からだ》はいったいどこまで続いているんだと思うくらいに高く伸びていって、彼らのベルトが立っている僕の目の高さにきたような錯覚《さっかく》を覚えた。

清原君は187センチ。田口君にいたっては192センチもあった。僕はそのとき、172センチ。15センチ以上も差があって、二人ともピッチャー志望だと説明された。

当時彼らのことは、噂では聞いていたけれど、実際に二人に会って、「中3の3学期に転校までして来たのに、これはどえらいところに来てしまったぞ」

ここにも僕の居場所はないかもしれない、と思い知らされた。

そのあと、着替えて練習をした。

田口君はピッチャー、清原君はバッターとして期待されていた。キャッチボールをしても、バッティングを見ても、彼らと僕の格の違いは明らかだった。二人はどう思っていたかわからないけれど、僕は完全に意気消沈《いきしょうちん》してしまった。

入学式が終わり、野球部志望のみんなと会った。みんな田口君、清原君よりは小さい。でも、すごそうな生徒ばっかりだった。

「やっぱり、どえらいところに来た」

という思いはより強くなってしまう。

4月1日という、学年最後に生まれたことでいろいろなことが遅かった劣等感は、中学時代に完全に拭《ぬぐ》い去ったはずだったが、高校に入学するや、久しく忘れていたその劣等感を思い出してしまった。

それは1年の春に顕著《けんちょ》に表れた。滝川《たきがわ》高校との試合で満塁ホームランを打たれたり、育《いく》英《えい》高校との試合では4回で7点も取られて負けてしまったのだ。それからはピッチャーとしてではなく、外野の練習に励《はげ》んでいた。

しばらく外野で球拾い。すでに主力メンバーに入っていた清原君がバッティング練習で飛ばしたボールを、池や屋上へ捜しに行きながら、気持ちが弱くなっていくのを感じた。

先輩との厳しい寮生活にも慣れなかったし、僕は練習を見に来てくれた母親に甘えて、

「みんな、身体がでっかいのに僕はちっこいし、無理や。野球、やめたいわ」

とこぼしてしまった。すると母親は、僕にこう言った。

「自分がここでやると決めたんでしょ。だったら男らしく、諦《あきら》めないでがんばりなさい。何もお母さんは、エースとかレギュラーになれって、言っているんじゃないの。メンバーに入らなくてもいいから、3年間、最後まで男らしく、がんばってきなさいよ。補欠だっていいのよ。何が起こるかわからないから、絶対に諦めたらダメよ！」

ハッとした。胸にグサッと刺さった。

はぁ、自分はなんとも甘かった。はなから敵《かな》わないと決めつけているのは情けない。とにかくベストを尽くしてみよう。

そう思い、そこからまた、目の色を変えて練習を始めた。

僕は中学で何度も優勝したけれど、言ってみれば誰も知らない地方区のエースだった。一方の清原君は中学から野球関係者にその名が轟《とどろ》く全国区。その知名度は雲泥《うんでい》の差だった。

「僕の体格では、どう転んでも清原君にはなれない。いきなり身長が190センチになるはずもないし、150キロのボールが投げられるわけでもない。身長とかパワーとか、も

う自分でどうにもできないことは諦めるしかない。でも、それ以外で自分を活かせるものがあるのではないだろうか」

自分にできることは何か。必死で考え抜いて、

「ピッチャーとして、配球を考えたり、相手の癖《くせ》や傾向を研究しよう」

という結論を出した。当時はまだ15歳。今から考えたら、何だか恐ろしい高校1年生だったと自分でも思う。

清原君をどうやって打ち取ったらいいのか。彼を打ち取るには何をしなければならないのか。バッターは何を考えて打席に立っているのか。こういう仕草《しぐさ》をしたときは、何を狙ってるのか。こういうそぶりをしたときは何を考えているのか。

僕は、いつもじっと彼のことを見ていた。

清原君はあのコースに投げられたら、次はあそこを振るんだなぁ。こんなすごいバッターでも、次にあのあたりへカーブを投げたらきっと振らされるぞ。そのとおりにカーブが来ると、ほら、カーブだ、ほら、振った。なるほどな、パワーヒッタータイプのバッターはそうなんだよな。

バッターの心理と、配球には様々な理由があることを勉強させてもらった相手が、高校時代の清原君だった。だからこそ、僕はそんなにたいしたピッチャーじゃなかったのに、

バッターを抑《おさ》えられるようになったんだと思う。

清原君も僕も、お互いが自分のもっていない才能を相手に見出《みいだ》し、尊敬と嫉妬《しっと》を抱《いだ》きながら切磋《せっさ》琢磨《たくま》した。今の僕があるのは、高校1年のときに、清原和博という大きな壁が聳《そび》え立っていたから。それを、この小さな身体を100パーセント駆使《くし》することで、なんとかよじ登ろうとしたからこそ、21年間、ジャイアンツで18番をつけられたのだ。

そして、あのドラフトのことも書いておきたい。

「クワタぁ！　巨人の1位だぞ！」

授業中であるのにもかかわらずドラフトの結果を知らせに、同級生が廊下をドタドタと走って、僕のクラスへダッシュしてきた。

あのとき、正直身震《みぶる》いするほどうれしかった。それから僕は騒然となった教室を抜け出して、広大なPLの敷地を通って奥津城《おくつき》の教祖様のところへ報告とお礼に行ったらしい……というのも、実は僕自身、そのときの行動をまったく覚えていないのだ。つい最近、当時の先生方にお話をうかがったら、教室を抜けてどこかへ行ってしまったと聞かされた。やはり、相当動揺していたし、おそらく自然に奥津城に足が向いたのだと思う。

あの当時、プロに進むには体力の自信がなく、早稲田《わせだ》大学に進学しようと考えていた。

確かにジャイアンツに魅力を感じてはいたのだけれど、大学で力を蓄《たくわ》えてからでも遅くはないと思った。

でも、気持ちの底ではとても揺《ゆ》れていた。

父はプロに行ってほしいと願っていたようだし、母は大学で勉強してからと考えていたようだ。僕自身はといえば、早稲田進学。もしプロに行けるのならジャイアンツ、と決めていた。

当時のジャイアンツのスカウトは、後輩のお父さんで、ＰＬの練習も見に来ていた。もちろん挨拶もしたし、話もした。

夏の甲子園に優勝したあと、僕はできうる準備を始めた。大学進学のための勉強を続け、小論文のために本もたくさん読んだ。もちろん、野球のためにも誰よりも早く起きて、走り続けていた。できる限りの努力を続けつつ、その間に毎朝毎晩お祈りにも行った。

ＰＬの敷地は広大なのだが、野球部寮から1キロ離れた奥津城に通った。２００回はお祈りに行った。

「僕にとっての最高の道をください。ドラフトのときに出た答えが神様の答えだと思って、その結果を受け入れ、努力します」

そして、神様は僕にジャイアンツへの道を提示《ていじ》したのだ。

同じクラスの清原君の涙は、そのあとにテレビで見た。

「阪神も巨人もオレを指名する。4番をあけていると言ってくれたんや。クワタは早稲田やろ?」

野球部のみんなの前でいつもそんな話をしていた。そんな彼を前に「オレもジャイアンツ行きたいんや」と言って、その雰囲気《ふんいき》を壊《こわ》せるわけもなかった。

17歳の僕、18歳の清原君。二人の心に傷を刻みつけ、そして二人の間に亀裂を生んだドラフト。清原君は「巨人に行けなかったショック」を胸に抱き、一方の僕は「巨人と密約があったかもしれない、友達を裏切った男」というダーティーヒーローとして、憧《あこが》れの巨人に入団することになったのだ。

密約だと疑われたが、僕はただ、練習をし勉強をして神様に祈っていただけだった。まるで、中学生の進路選びのときのようだった。あのときの中学校の先生によって、苦境に追い込まれ形成された心の免疫《めんえき》が僕自身を守ってくれた。あの経験があったから、周囲やマスコミの重圧にも耐えられたのだと思っている。

中学3年生の3学期、進路問題で転校を余儀《よぎ》なくされた。

高校1年生になったら、圧倒的才能をもった同級生がいた。

ドラフトは、日本中を巻き込んだ騒動になってしまった。

不動産問題や登板日漏洩《ろうえい》などのスキャンダルにも巻き込まれた。

一軍復帰が難しい右肘《ひじ》の手術を受けた。

メジャー昇格間近のオープン戦で審判と激突してしまい、歩けないほどの怪我を負った。

改めて、書き並べてみると「試練」だらけの野球人生だった。ただ、これらの出来事は、僕の人生においてすべて必然だった。

本当にそう思っている。

僕は何にでも「ありがとうございました」と思って生活している。その背景にあるのは、「目の前に起こったことはすべてパーフェクトだ」

という考えだ。

手術しないと手術した人の痛みや苦しみはわからない。マスコミに叩《たた》かれたからこそ、同じ境遇《きょうぐう》の人の気持ちがわかる。金銭で騙《だま》されたからこそ、同じ被害に遭った人の気持ちが理解できる。

人生は自分の目で見て、触《ふ》れて、体験し、自分なりに咀嚼《そしゃく》すること。これに尽きる。

よく「桑田さんにとって野球とは何ですか？」と聞かれるが、そのとき僕は野球を砥石《といし》に喩《たと》える。今まで野球をやってきて、どれほどの試練が襲いかかってきたことか……そのたびに僕は野球に磨かれてきた。「砥石」というのは、そういう意味なんだ。ちょっとかっこよすぎるだろうか。

それにもう一つ、僕は「試練」という言葉ほど、野球選手にとって、最高の言葉はないと思う。

試合の「試」に練習の「練」。

練習を積み重ね、試合で試す。

練習して、鍛錬《たんれん》して試合で、学校で、人生で、自分がどれだけできるか試してみる。

ゆえに試練は挑戦でもある。負けたって、三振したって、エラーしたって、また練習して自分がどれだけ克服《こくふく》したかを試すために、挑戦していかなければいけないのだから。

だから、試練はつらく苦しいことではない。次への挑戦へと向かうスタートなのだ。

PL学園野球部の1年先輩で、大学時代の試合中に
不慮《ふりょ》の事故で首から下が不随になった清水哲氏と。
桑田をPL学園へ推薦《すいせん》した恩人だ。

第5章 超マイナス思考

野球も人生も〝うまくいかない〟のが当たり前。
「超マイナス思考」で物事に向き合えば、
少しのことでプラスに変換できる。
積極的に生きていくことができるのだ。

日本に四季があるのと同様に、人生にも四季があって、野球にも四季がある。一週間にも四季があり、一日のなかにも四季があったりする。これが、僕の基本となっている考え方。

そのなかでも、一番苦しいのは寒くて寒くてしょうがない冬だ。

冬の時代というのは、マイナスの季節。何もかもがうまくいかない、耐え忍ぶ季節。だからマイナスのときにはジタバタしないで、やがて訪《おとず》れる春に備えて、本を読んだり、映画を観《み》たり、音楽を聴いたり、自分で書き物をしてみたりする。般若心経《はんにゃしんぎょう》を覚えたこともあるし、ロシア語に挑戦したこともある。そうやって、つらく厳しい冬をジッと耐えていけば、きっと雪は溶け、また春の息吹《いぶき》がやってくる。

近年の経験で言えば、2007年にメジャーへ挑戦していたとき、右足首に重傷を負った3月からの2ヵ月間はまさに冬の時代。僕は、どんなにストレスがたまっていても、どれほど不愉快《ふゆかい》なことがあったとしても、あまり感情を表には出さない。高校生になってからは、他人に対して怒鳴《どな》ったことはほとんどない。

先日、清原君は僕が怒ったのを一度だけ見たことがあると、あるインタビューでにこにこ話していた。「高校時代、桑田の顔にあるホクロの数を数えたとき、ちょっと怒ってた」と……でも、「やめろよ」と言ったかもしれないけれど、決して怒ったわけではないと思う。

つまり、僕が不機嫌《ふきげん》そうな顔をして、やめろ、と言っただけで、清原君の印象《いんしょう》に強く残ってしまうほど、僕は感情を露《あら》わにしないということだと思う。ただ僕の場合、機嫌が悪くなると口数が少なくなり、物静かになると言われたことがある。おそらく、あのフロリダでの日々は、そういう時間が長かったのではないだろうか。

右足首は一向によくなる感じがしなかったから、気分も滅入《めい》った。僕の経験では怪我《けが》は、停滞している時期が続いた後、あるときスッとよくなる。その後は、また停滞が続くのだが、しばらくするとまたスッとよくなる。通常はその繰り返しなのだが、あのときの右足首はまったくよくなる気配がなく、日々苛立《いらだ》ちが募《つの》っていった。

3月には心地《ここち》よかったフロリダの日差しも、初夏が近づくとあまりに眩《まぶ》しすぎて、逆に鬱陶《うっとう》しくなったのを覚えている。

その時期、僕は自分のパソコンの壁紙に、3月4日、オープン戦で初登板を果たしたときの写真を設定していた。オープン戦だったとはいえ、ゾクゾクしたあの感覚を、いい刺激にしたかったのだ。

読んでいた本は『オールド・ルーキー』。学校の教師をしていたジム・モリスが夢を叶《かな》えるために一念発起《いちねんほっき》、35歳にしてタンパベイ・デビルレイズ（現・レイズ）のピッチャーとしてマウンドに立つ実話を一冊にまとめたものだった。

この話は映画で観ていたが、友人が原作を送ってくれたので、改めて全部、読んでみた。だからといって彼に自分を重ねるようなことはしなかったが、その本のなかに、35歳でメジャー初登板を果たしたというのは記録だと書いてあったので、39歳でそれを叶えたら最年長記録になるのかと、ずいぶん励《はげ》みになった。あとから聞いたら、42歳でデビューしたサチェル・ペイジがいたため39歳では記録にはならなかったのだが……それでも僕はフロリダで、決して諦《あきら》めることなく、一日一日を大切にしてリハビリを続けた。チームも僕のことを解雇《かいこ》せず、マイナー選手のまま、故障者リストに入れて後押しをしてくれた。

5月下旬にはフリーバッティングで投げ、練習試合に登板し、ついに3Aのインディアナポリスに合流。そして、6月2日にはマイナーながらもアメリカでの公式戦に初登板を果たし、その1週間後にはメジャーへの昇格を勝ち取った。

ヤンキー・スタジアムで行われたニューヨーク・ヤンキース戦で、メジャー初登板を果たしたときの満ち足りた幸福感を、僕は生涯、忘れることはないだろう。先の見えない苦しい冬をジッと耐え忍んだからこそ訪れた春だった。

人生において、冬の時代を迎えることが誰にも多々あると思う。

中学・高校生だったら入試に失敗したとか、会社員だったら後輩に先を越されて昇進されたとか、長年付き合ってきた恋人に無残《むざん》に裏切られたとか。このような冬を実際に迎えたときにどうすればいいのか。

僕が実践《じっせん》してきたのは、上ばかり見ないで、ときには冷静に周囲を見るということ。いつも上を見続けるから、すごく苦しくなってしまう。あまりに苦しくて苦しくて、仕方ないときは、一歩引いた立場から全体を見てみる。そうすれば、自分がどれだけ恵まれているか実感することができる。

起こった出来事は一つでも、考え方によってその同じ出来事がいろんな重さに変わる。だからこそ、考え方というのは大切だし、ときには物事を冷静に見ることも大事なのだ。

苦境は正面から見てしまうから、苦境なのだ。正面からだけじゃなく、横からだったり、後ろからだったり、下からだったり、いろんな角度から見ると苦境も違う見え方になる。第三者の視点になって、一歩引いて大局でものを見ていくべき。要するに発想の転換なのだ。手品だって、真正面からしか見られないから手品なんだ。後ろから見れば、いろいろな仕掛けがある。

この考え方は、野球でも同じ。野球は難しい、というところからスタートするからこそ、挑戦したくなるし、楽しい。そして、うまくできなくて悔しいから、また挑戦する……これが人生の愉悦《ゆえつ》と相通じるところなのだ。自分の思いどおりにいくことなど、滅多《めった》にないからこそ、楽しむことができる。

1995年にファウルボールにダイビングした際に大怪我をして、右肘《ひじ》を手術した。10年、15年経《た》つと、手術してよかったと思っている自分がいる。もちろん当時はそうは思えない。思えるわけがない。けれど、怪我というプロセスを経《へ》たことで、一回《ひとまわ》りも二回《ふたまわ》りも大きくなれた自分がいたし、怪我をしたときの選手の気持ちもわかった。

今だから告白できるが、ONシリーズと騒がれた2000年の日本シリーズでホークスと戦ったときもつらかった。シリーズ前に先発失格の烙印《らくいん》を押され、先発ローテーションに入れない。いつ投げるのかもわからず、ブルペンで準備をしていたら、第2戦、ジャイアンツが5点をリードされている8回表という明らかな敗戦処理のマウンドに送り出された。あのとき、東京ドームのスタンドから湧《わ》き起こった遠慮がちな歓声と、グラウンドに背を向けて帰路につく人波がスタンドを逆流していく光景を忘れられない。あのときだけは、さすがに寂しい気持ちを拭《ぬぐ》いきれなかった。それでも僕は、敗戦処理のマウンドで全力を尽くした。シーズン中とは違うフォームや新しい変化球も試し、２イニングスを抑《おさ》えることができた。

このシーズンはペナントレース中から、先発降格を言い渡され、抑えや中継ぎで投げていた。この敗戦処理も含めて、投手としていろいろな役割を果たしたことは、いま思えば貴重な経験をさせてもらったと思っている。

清水哲さんという先輩がいる。２章でも書いたが、ＰＬ学園に僕のことを推薦《すいせん》してくれた人で、野球部の研志寮《けんしりょう》で２年間同室でも親身《しんみ》になって面倒を見てくれた一番親しい先輩だ。

僕が２年生だった、１９８４年の夏の甲子園。

３年生の哲さんは、控《ひか》えナンバーの12番ながら要所要所でヒットやホームランを放ち活躍した。

卒業後も哲さんは同志社大学に進学し野球を続けていた。

哲さんが大学１年、関西学生野球秋季リーグ戦でのことだ。

一塁に出塁した哲さんは、ヒットエンドランのサインでスタート。そのまま果敢《かかん》に二塁へのヘッドスライディングを試みた。そのとき、二塁のベースカバーに入ってきた相手選手と激突したのだ。

「ゴキン」

鈍《にぶ》い音がしたそうだ。

すぐさま病院に運ばれ、検査をすると首の骨が折れていたので、即手術することになった。僕と清原君と中村監督はお見舞いに行った。

手術は成功した。

でも、首から下は麻痺《まひ》してしまっていた。寝たきりだ。その後も何度も手術を受けたのだが、麻痺は治らず今でも車椅子《くるまいす》生活を余儀《よぎ》なくされている。現在は元気に生活されているが、当時は人生に絶望していた。一瞬にして大好きな野球ができなくなるだけでなく、自分の身体《からだ》を自分でコントロールできなくなり、普通の生活も思うようにできない。

当時、清水さんは、死ぬことばかり考えていた。でも、残酷《ざんこく》な話だが手足が動かないのだから、自殺することもできない。

僕はプロに入ってからも、大阪遠征の機会には、お見舞いに行ったり、電話をかけたりして、哲さんを励まし続けた。

しかし、哲さんの絶望は深かった。

「クワタ！　もうオレを殺してくれ！　こんな身体で生きていてもしゃあない。家族にも迷惑をかけるだけや」

何度も何度もそう言った。

哲さんの苦悩や努力に比べれば、僕の苦境やがんばりなんて足元にも及ばない。

僕はいつもそう考えている。

どんなに練習がつらくても、どんなに成果があがらなくても、それを乗り越えてこられたのは哲さんのおかげでもある。

野球以外でも、裁判や謹慎《きんしん》処分も経験したし、大きな借金もできた。それによって、マスコミにも叩《たた》かれたし、球場では散々野次《さんざんやじ》られた。

でも、哲さんの苦しみに比べたら、僕の苦しみは微々《びび》たるものだ。

いつも僕の頭の中には哲さんがいた。哲さんが背負ったものの重みは僕にはわからない。でも、それだけの困難を乗り越えようとがんばっている哲さんを思うと、僕も、もっともっとがんばらなきゃいけない、がんばらなきゃ哲さんにがっかりされると励まされたものだ。

完璧《かんぺき》を求める思いと心の平和は水と油だ。現状よりいいものばかりを求めていると、不満のみが増殖《ぞうしょく》されていく。現状に満足し、感謝し、人生を楽しむ。完璧ばかり追い求めなければ、人生はそれ自体で完璧なのだ。

僕は小さい頃から、いいことばかり、自分の理想ばかりを追い求めるのではなく、こうなったらどうしよう、ああなったらどうしようと、まず心配することから入っていくタイプだった。最初から、何かを期待したり、都合のいいことを思い浮かべることはなかった。

超マイナス思考。

人生というものは、楽しいと思うから苦しくなるのだ。

野球も人生はつらいものだ、うまくいかないのが当たり前、という発想から入っていければ、つらいことが起きてもダメージは最小限で食い止められる。そもそも、人生は常にイヤなことの連続なのだから、耐え忍ぶことが大事。僕が自分のことを「忍者」と表現するのは、人間はつまり耐え忍ぶ者でなくてはいけないと思っているから。

＋（プラス）という文字を書いてもらいたい。この＋には、横に棒がある。

－。そう、マイナス。

プラスのなかには、マイナスが含まれているのだ。

マイナスなことを乗り越えてこそ、プラスになる。

プラスになれば、なぜか感謝の気持ちが生まれ、その気持ちがつながっていき、やがて心のなかが感謝で満たされていくのだ。

だから、僕はこれからもこの「超マイナス思考」を続けていく。どんなことがあっても、どんな不測の事態にも、この思考があれば、乗り越えていける。

第6章 無常観

2008年3月18日。パイレーツのオープン戦で勝利をあげたときの記念球。

世の中には、永遠なものはない。
家族、友達、命、財産、
何ひとつ変わらないものはない。
ゆえに、一瞬一瞬を精一杯生きたい。

ネオンがキラキラと光る。屋上から見る札幌《さっぽろ》の夜景はとてもきれいだった。

あれは確か1990年頃の北海道遠征のときのこと。

深夜、自分が宿泊していたホテルを抜け出し、札幌の街《まち》をあてもなく歩き回った。そして、一度も入ったことがない古いホテルに足を踏み入れ、屋上へ通じる階段を駆け上がった。

「ここであと一歩踏み出せば、この苦しい生活から抜け出せる」

そう思った。

けれど、急に自分がバカバカしくなった。

「死んでしまったら、何にもならない。何も残らないじゃないか。僕は何も悪いことはしていないんだから、自分らしく毅然《きぜん》と前を向いて生きていこう」

家族の顔が次々と浮かんできた。

母、姉、弟、そして父。

「死んでしまったら負けだ。戦わなければいけないんだ」

これが僕が人生で自殺を考えた唯一《ゆいいつ》の夜だった。

当時、登板日漏洩《ろうえい》というスキャンダルに見舞われ、心身ともに疲弊《ひへい》していた。食事は喉《のど》を通らない。誰かと話すのも億劫《おっくう》になり、話す内容にも過敏《かびん》にならざるをえなかった。その頃は電話恐怖症にもなった。電話が鳴ると、また何か悪い話かもしれない、とビクビクしていた。

そのスキャンダルがもとで裁判所へ足を運んだり、1ヵ月の謹慎《きんしん》処分も受けた。そして、連日自宅に張り付き、練習に行くにも食事に行くにも追ってくるマスコミの数十台の車……。心が休まることはなく、ストレスが身体《からだ》を蝕《むしば》んでいた。

発端《ほったん》は運動具メーカーの元社員で、僕を担当していた方が出版した本だった。僕は名誉《めいよ》毀損《きそん》で裁判を起こした。その裁判では、

「この本に書いたことは事実とは異なります。桑田さんが野球賭博《とばく》に関与し、あるいはそのために登板日を第三者に漏洩したことはありません」

と著者が認めて、真摯《しんし》に詫《わ》びてもらうことで和解したのだが、僕が受けたダメージは計り知れなかった。事実でなくても、一度報道されてしまうとそういうイメージを払拭《ふっしょく》するのはとても大変なことだったし、もしかしたら今でもそのイメージが払拭できていないか

もしれない。それほど、ダメージは大きかったのだ。

自殺まで考えたけれど、僕は踏みとどまった。

謹慎後の成績は5勝6敗と振るわなかった。ただ、あの札幌の夜をきっかけに僕は集中力を取り戻した。札幌以降の成績は9勝1敗。シーズンを通して14勝7敗、防御率はリーグ2位という好成績で締めくくることができたのだ。

この出来事以来、僕は「自《みずか》ら命を絶とう」と思ったことはない。

あそこまで追い込まれたことで、逆に命の尊《とうと》さを感じたからだ。

人はいずれ死ぬ。死に向かって歩んでいるのだから、自分で死を選ぶことはない。いつ死ぬかわからないからこそ、今日一日を精一杯生きなければならないのだ。


しかし、選手生命の終わりはやってきた。

2008年3月26日。

長年目標にしていた「40歳まで現役」という40歳を目前にして、ボールを置いた。

なぜなら、野球の神様の声が聞こえたからだ。

その決断の後には、「なぜ、あのタイミングでやめたのか」と、ずいぶん質問攻めに遭った。

「本当にボロボロになるまで燃え尽きたのか」

「納得《なっとく》できない」

「なぜ他の球団を探さないんだ」

そんな声が僕のところにも届いた。

確かに、オープン戦の結果も出ていたし、ピッチングの内容もすごく良くて、手術した右足首の具合も良好だった。すべてが順調にきていた。でも、最後の最後でメジャーのメンバーに残れなかった。

そのとき、ついに野球の神様が降りてきた。

あのときのことを、メジャーでの僕の様子を知ってもらう意味でも少し長くなるが記《しる》しておきたい。


きっかけは、開幕メジャーのなかには入れないということがわかったときのこと。

2008年3月21日だった。この日、パイレーツはブラデントンにレッズを迎えていた。僕はいつものように試合前の練習を終えて、クラブハウスに引き揚げた。すると、身体の大きいロニー・パウリーノ捕手が肩を落として座り込んでいたので、僕は声をかけた。

「ロニー、どうしたんだ」

「ニコ、どうだ、今年のオレのキャッチングは？」

「うん、まぁ、いいんじゃないか」

「なんだ、そのハッキリしない物言いは……何かあるのか」

当時パウリーノはメジャー4年目の26歳。パイレーツのキャッチャーとして2年間、レギュラーを守ってきたけれど、同い年のライアン・ドゥーミットにポジションを奪われそうになっていた。その年からパイレーツの監督に就任したジョン・ラッセルがキャッチャー出身で、監督はパウリーノのキャッチングをあまり評価していないようだった。

僕はメジャー1年目のシーズンから、パウリーノによくキャッチングの指導をしていた。大きくて身体が硬《かた》いパウリーノは、しゃがんだときに股関節《こかんせつ》をやわらかく使うことができず、低い体勢で構えることができない。だから、せめてミットだけでも低い位置で構えられるよう、左手をいっぱいに伸ばして低い位置にミットを置くようにアドバイスをしたのだ。

「オレのキャッチングにまだ何か問題があるんだろ、何なんだ」

「うーん、低く構えたミットが、ピッチャーの足があがると同時に一瞬、あがっちゃってる」

「えっ、そんなはずはない」

「じゃあ、ビデオで確認しよう」

ビデオルームに移動し、パウリーノのキャッチングがおさめられた映像を一コマずつ送っていくと、左腕をいっぱいに伸ばしてがんばっていたパウリーノのミットが、ピッチャーの足があがると同時にふっと浮いている。つまり、一瞬、楽をしてしまっていたのだ。食い入るように画面に見入るパウリーノは、ビデオを巻き戻した。しかし、せっかく低く構えたミットは、確かに一瞬、浮いて、そこから下がっていく。僕は彼にこう言った。

「ほら、ミットがいったんあがって、そこから下げて捕《と》るから、結局、ミットはこんなに下がることになるだろう。これじゃ、審判から見たら低めはみんなボールになっちゃうよ」

パウリーノは戸惑《とまど》いながらも納得した様子でビデオルームを出ていった。

そして、僕がビデオを片づけているまさにそのとき、部屋の外から会話が聞こえてきたのだ。パイレーツのGM、ニール・ハンティントンが誰かと話しているようだった。

「ニコは、どこか他の球団に行くつもりはあるのか」

「マイナーには行く気があるようですが」

「うーん、正直ここまで投げられるとは思ってなかったからな」

まさか……僕はその場に立ち尽くしてしまった。ここまでのオープン戦で、僕は結果を出していた。内容にも手応《てごた》えを感じていたのだ。

にもかかわらず他のチーム？　マイナー？　そんなバカなことがあるのか。グルグルと、聞きたくない言葉が頭のなかで渦巻《うずま》いていく。いったい、なぜだと頭のなかで反芻《はんすう》しても、簡単に理解することなどできるわけがなかった。

その翌日、僕は登板の予定になっていた。ただし、メジャーではなく、マイナーのゲームだった。ブラデントンのマイナー施設、パイレーツ・シティに、レッズのマイナーを招いてのゲームが午後1時から予定されていた。僕は、前の日に聞いてしまったGMの言葉を撤回《てっかい》させてやろうと意気込んでいた。文句のつけようがないピッチングをすれば、メジャーに残さないわけにはいかなくなるはずだと。

しかし、曇り空からやがて雨が落ちてきた。やみそうで、なかなかやまない。かといって、ザーッと降るわけでもない。そのうち、レッズが来ないらしいという話が伝わってきた。

まさか、まだ中止も決まっていないうちから、自分たちで判断して来ないなんて、信じられなかった。そして、結局この日の試合はパイレーツのマイナー相手の練習試合に変更された。正直、あれよあれよという感じで、僕のテンションは急降下してしまった。自軍のマイナー相手の紅白戦では、どれだけ抑《おさ》えたとしても、いったん下った結論を覆《くつがえ》すまでには至らないはずだ。今から振り返ってみれば、当初から、僕を落とす口実を探していたのだろう。手術をしたばかりだから、オープン戦の序盤は投げなくてもいいからゆっくり調整してほしいと言っていたのに、オープン戦の最初からいきなり投げろと言われて、話が違うなと感じたのも、その後あまりに不自然な、調整の難しい登板間隔で投げさせられたのも……辻褄《つじつま》が合っていた。

やがて、雨が強くなり、マイナーとの紅白戦までも中止になった。

僕は、バッティング練習でしか使用しない室内ケージのマウンドに立って、バッターを立たせてのシミュレーション・ゲームを行った。2イニングスを想定しての、15球ずつ、あわせて30球。このブルペンでのピッチングは、メジャーのトライアウトを受けに来ていた後輩の三澤興一《みさわこういち》君（元ジャイアンツなど）がちょうど見に来てくれていたので、彼のために投げようと思って、自分を奮《ふる》い立たせた。

その日のピッチングが「パイレーツの桑田真澄」としての最後のピッチングとなった。

その直後、僕はGMのニールに呼ばれた。彼に、「話をしよう」と言われたとき、ニールが僕に何を言おうとしているかを、すぐに理解した。顔を見ていたら、わかるものだ。これは「メジャーはない」っていうことを伝えられるんだなということが雰囲気《ふんいき》でだいたい読めたので、正直、最初はいろいろ言ってやろうと思っていた。それだけの結果は残していたし、言い返す材料はいっぱいあったから。

チーム構成にしても、こうした方がいいという現場としての意見ももっていた。だから英語でこれはどう言えばいいのか、あのことはこういう表現がいいのかなとか、ニールにどういうふうに言えば伝わるのかということを、短い時間で必死に考えていたのだ。

ニールは、僕にまず、こう言い出した。

「ニコ、25日からホームで2試合ある。どちらかで先発しないか」

先発といっても、メジャーを見据《みす》えた先発でないことは、すぐにわかった。花道を用意しようと言ってくれているのだ。

「われわれはニコをリスペクトしている。チームのためにあれほどがんばってくれたのに、パイレーツ・シティの室内で投げたのが最後になるなんて、申し訳ないんだ。ぜひマッケニー・フィールドで投げてほしい。みんな、ニコが最後に投げる姿を見たがっているんだ」

「それは、開幕メジャーはないということですか」

「残念ながら、そういうことになる。もちろん、マイナーで投げてもらいたいとは思っているが、ニコが他のチームを選択するというのなら、それも仕方がない」

「マイナーで投げていい結果を残せば、メジャーにあがるチャンスもあるんですか」

「われわれは、ニコが投げれば結果を残すことはわかった。メジャーでもマイナーでも、結果は出してくれるだろう。正直、右足首を手術したと聞いていたから、ここまでやってくれるとは思っていなかった。でも、若手に譲《ゆず》ってあげてほしい。マイナーで結果を残しても、メジャーにあがる可能性はないんだ」

これは、事実上の戦力外通告だった。

そのとき――。

ニールの言葉に、用意していた英語で言い返そうと思ったそのとき、突然、僕に囁《ささや》きかける声がふっと聞こえてきた。

――よくやったな、もういいよ。

あれは、確かに野球の神様の声だった。

――もういいよ。次のステップに行こう、これは卒業だよ。

ああ、これが野球の神様からの言葉なんだなと、僕はそう思った。

だから僕は、ニールに、こう返答した。

「OK。わかった。でも、もう開幕も近いんだし、オープン戦は開幕メジャーの選手の調整に使ってください」

正直、身体の力が抜けていくのを感じた。若手に譲ってほしいなんて、ベテランの選手にとって、これほど残酷《ざんこく》な言葉はない。与えられた課題をほとんどクリアして、それでも若手でいくのが方針だったなんて今さら言われても、という気持ちも確かにあった。肉体的には元気だったし、充分、投げられるという手応えもあった。プロで23年もやってきたから、この調子なら抑えられるということがわかる。メジャー1年目には持てなかった感覚が、2年目には手応えとしてあったし、メジャーのバッターが相手でもやれたと思う。でも、マイナーに行って抑えたとしても、上にあがるチャンスもないって言われたのだ。要するにメジャーで投げるチャンスがない、パイレーツの戦力としては期待されていないということ。それなら、なぜ僕と契約したんだろうという疑問は残ったけれど、相手の本音《ほんね》はわからない。スプリングトレーニングの間、若い選手にいい影響を与えてほしいということだったのかもしれないし、他の選手が故障するリスクを考えてのことだったのかもしれない。そもそも僕がオープン戦でどれだけ結果を残してもメジャーに入れなかったのだという考えも頭をよぎった。

野球の神様の声を聞いて、僕がニールにOKと返事をするまでは、おそらく何秒という単位の短い時間だったはずだ。でも、その何秒かの間に、僕はいろいろなことに思いを巡《めぐ》らせた。最初は「えっ、この声は何だろう」と思った。それが野球の神様の声かもしれないと思うまで、葛藤《かっとう》している自分がいるのがわかった。ここでやめることはないだろう、ボロボロに打たれてからならともかく、それまでの1ヵ月間、試合で外野オーバーの打球は一本も打たれていなかったのだから、やめるなんて、ありえない。むしろ自信満々だった。

それでも、決断したのは、実は一個のボールの存在があったからだ。

それは、僕にとって最後の試合になった、２００８年のオープン戦、シンシナティ・レッズ戦でのウイニングボール。

3月18日、パイレーツは、敵地サラソタでレッズとのオープン戦に臨《のぞ》んだ。あの時期、僕のなかでは確実にそのシーズンのイメージもできあがっていた。それまでほとんど完璧《かんぺき》に抑えていて、配球もつかんでいたし、メジャーのボールにも慣れていた。まさかその試合が最後になるなんて、そのときには思ってもみなかった。

いま考えればあの日のレッズ戦は不思議な試合だった。僕とメジャーの椅子を争っていた他のピッチャーが登板して、何度もピンチに追い込まれていた。ジョナ・ベイリス、ヘクター・カラスコ、ケーシー・フォッサム……ここで1本、ヒットを打たれたら、この1球が外れてフォアボールになったら……それで開幕メジャーは絶望的になる、そういう状況をことごとく切り抜けて、ゼロに抑えていった。

そして僕はそのあと、8―3とパイレーツがリードしていた最終回、マウンドにあがった。

先頭バッターは、日本のホークスにいたことのあるホルベルト・カブレラ。ツーストライク、ワンボールと追い込んでから、僕はアウトローにカーブを投げ込む。カブレラのバットは間違いなく、空《くう》を切ったのだが、キャッチャーのマイケル・ヘルナンデスが捕球できず、ファウルと判定されてしまう。結局、ツースリーから外角に投げたストレートがライト線に落ちて、これがツーベースヒットとなった。

続くコリー・パターソンはライトフライに打ち取るものの、二塁ランナーのカブレラにサードまで進まれる。そして、ジェリー・ヘアストン・ジュニアに対し、内角のシュートを詰まらせてショートゴロに打ち取る間にカブレラにホームインを許《ゆる》し、1点を取られてしまった。これがオープン戦5試合目、練習試合を含めれば6試合目にしての初失点だった。他のピッチャーがピンチを凌《しの》いでゼロに抑え、僕が審判の判定を機にあっさりと点を取られてしまったので、この1失点については試合後もメディアの方にいろいろと質問された。

確かに調子がよかったので、簡単にいきすぎたところはあったかもしれない。ストレートがよかったので要所はストレートを多く投げたのだけれど、やっぱりカーブを丁寧に使わずに単調にいくとダメなんだ。一人目のバッターが三振なら、簡単に3人で終わる流れだったと思う。けれど、逆《さか》らわずに当てられたツーベースヒットだから、しょうがなかったと思っている。8―3からのマウンドなので、最悪のケースは同点、もしくは逆転されること。勝つことが大事だという場面で、1点はしょうがないという考え方は当たり前。だから、オープン戦であろうと、僕の立場がサバイバルの真《ま》っ只中《ただなか》にいようと、まずはチームが勝つことに徹《てつ》したマウンドでなければならない。

しかしピッチャーの商品価値は、監督やコーチの価値観に左右されてしまう。このピッチャーを使うか、使わないのか、商品価値は各々の基準で決まってしまうんだ。同時に、他人の評価を気にしてそれにあわせようとすると、自分を見失ってしまうことにもなる。「絶対」ということはありえない。あの場面で1点を取られなかったら絶対に開幕メジャーに残れたのかと言われれば、そんなことは誰にもわからないだろうと答えるしかない。

あの試合、最後の1球は、高めのシュートだった。86マイル、138キロだったとあとから聞かされた。ツーアウト、ランナー一塁の場面で、相手は48番をつけたアンディ・フィリップス。ヤンキースでプレーしていたこともある右バッター（現在は楽天）。あのケースは、コーナーギリギリにいくと振ってこないというのがわかっていたので、真ん中よりの甘めに投げていって、詰まらせようと思った。フィリップスは、まさに僕の狙いどおり、シュートに詰まって力ない打球をショートの前に転がした。ショートがファーストに送球して、これでゲームセット。その瞬間、僕はマウンドにいた。まさか、それが現役最後のピッチングになるなんて、思わなかった。

試合が終わってみんなとハイタッチをして、ベンチに戻ってふとグローブを見ると、中にウイニングボールがあった。どのタイミングで誰からもらったのかをまったく覚えていなかったので、あれっ、どうして僕が持っているのかなと、ビックリした。あのボールが、結局は最後のウイニングボールになった。実はそのときからずっと考えていた。なぜ、あのボールが僕のところにきたのかということを……。最初は、「18」日だったからかなと思っていた。大好きな18日に、僕が最後を締めた試合のウイニングボールだから、それだけでも僕にとっては充分に意味はあったのだ。

野球の神様の声を聞いたとき、あの手元に戻ってきたボールのことをふと思い出した。僕のなかで合点《がてん》がいった瞬間だった。

もしあのままやめずに他球団でプレーしていたら、メジャーでやれていたと自分では思っている。でも、僕が今まで何を大事にしてきたかというと、目に見えない力。僕は、野球の神様がいると思っている。僕の心が納得したのは、野球の神様が、

「もういいよ」「充分、やったよ」

と言ってくれたからだった。その声が聞けたから、僕はすっきりした。それよりも前、

僕がもう引退しようと思ったときには、野球の神様の声は聞こえなかった。何度問いかけても、声が聞こえない。何も聞こえないということは、野球の神様が、まだまだ、まだまだと言い続けているような気がしていた。

マイナーという場所は、若い選手がメジャーを目指して、夢を追って戦う場所だと思う。2007年のシーズンは、僕もルーキーとしてマイナーのチームに参加させてもらったけれど、2年目はそういう気持ちは自分の中にはなかった。メジャーでプレーすることしか考えていなかった。だから、マイナーでプレーする気はない、ここで線を引きたいなと思ったのかもしれない。

僕は、選手は長くプレーすることが最良だという話は、これまでに一度もしてこなかったと思う。長くやればいいってもんじゃない。僕の気持ちが、精一杯やったと納得していたことが、僕にとっては大事だった。その結果として出た答えは、素直に受け止めなければならない。そういう流れだったということなのだ。

3月23日の夜、僕はブログにアップする原稿を書いた。

「選択、そして、決断」

友へ

こんばんは！
日本は、朝だから、おはようだよね！
今日のブラデントンは、朝から雨で、登板予定の試合が中止になり、
その代わりに、紅白戦をすることになったんだけど、
その紅白戦も、開始直前に雨が強くなり中止になりました。
結局、室内ブルペンで、30球ほど投げて帰ってきたよ。
ちょうど、濡《ぬ》れた服を洗濯《せんたく》したところなので、選択の話をしようかな。
前にも、選択と決断の話をしたかな・・・？
最近、本当に、よく忘れ物をするし、覚えが悪いよね。
それに、同じ英単語は、何度覚えても、時間が経《た》つと忘れるからね。
どうしてだろうね？
同じ失敗を何度も何度も繰り返すのが人間なのかな・・・？
それとも、僕だけ？

選択と決断の話に戻るけど、
結局人間は、朝起きて、寝るまでの間、選択して決断しているんだよね。
今直《す》ぐに、起きるか起きないか、先にご飯を食べるか、顔を洗うか、
どの服を着るか、何時に家を出るのか、挨拶《あいさつ》をするかしないか、
電話をするかしないか、質問をするかしないか、意見を言うか言わないか、
練習をサボるか、軽めにするか、
夜は、どこで、誰と何を食べるかなど、とにかく、何をするのも選択の連続だよね。
当然、迷う時もたくさんあるよね。
手術をするかしないか、もう一度投げるか投げないか、
昨年は、短い間だったけど、自分の中ですごく迷ったなぁ。
その時の決断が、今につながり、ここにいるんだけどね。
メジャーのキャンプに参加させていただき、
ここまで生き残れているのも、本当に不思議だよね。
開幕まで、残り1週間になったけど、
あと1、2回は、カットがあるので、どうなるのだろう・・・?
他人の選択と決断で、自分の選択と決断を迫られ、

その結果、自分の人生が大きく変わることもあるよね。
何か難しい話になってきたけど、
とにかく自分の人生だから、
日常の些細《ささい》なことや、重大な決断を迫られた時も、
自分の第一感というか、心の思うままに従って決断していきたいよね。
激しい雨音《あまおと》を聴きながら、ブログを書くことを選択し、決断したのも自分。
自分の人生は、全て自分次第だね。
時々、ラッキーなこともあるけどね。
また、話しましょう。
よい選択と決断を。

このブログの3日後に僕は引退を発表した。

少しは悲しい気持ちになるかなぁと思ったのだけれど、そうではなかった。むしろ、とても清々《すがすが》しい気持ちになった。

世の中には、永遠なものはない。

家族、友達、命、財産は、100年後、500年後は間違いなく変わっているし、何ひとつ変わらないものはない。だからこそ、一瞬、一瞬を、感性を研《と》ぎ澄《す》まして生きていきたい。

自ら設立した、ボーイズリーグ
「麻生ジャイアンツ」で、
桑田は後進の指導にあたっている。

第7章 指導者とは

日本の指導者にどうしても、伝えたいことがある。
指導者は「選手に教える」のではなく、
「選手とともに考え、ともに歩む」存在だ。
〝金の卵〟は大事に扱わないと、
殻《から》が簡単に割れてしまう。
今こそ、指導者のレベルを底上げしなければ、
日本野球の更なる発展はない。

アメリカ・メジャーリーグを経験することによって、改めて感じたのは日本の野球のレベルの高さである。緻密《ちみつ》でインテリジェンスがあり、プレーする選手も、観《み》るファンも、ゲームとしてスポーツとして楽しむことができる日本の野球。われわれ野球人は、この高いレベルを維持《いじ》し、今後さらに発展させていかなければならない。

そのためには、金の卵である子どもたちをじっくり育てていく必要がある。現代社会は少子化が進んでいるから、育成の問題はなおさら深刻だ。ところが、現場は未熟《みじゅく》で不勉強な指導者により、踏み荒らされてしまっているのが実情。本当に愕然《がくぜん》とさせられることが未《いま》だに全国各地で起こっている。

僕は、ジャイアンツに入団した18歳の頃から、毎年オフになると全国北から南まで、小・中学生の野球教室の指導に出かけていた。また、２００４年に少年野球チームを設立し、指導させてもらっていることもあり、長きにわたり少年野球の世界に接してきた。そこで、金の卵が指導者の無知によって無惨《むざん》につぶされていく例をたくさん見てきたのだ。

この章は相当、厳しい話になってしまうがお許《ゆる》し願いたい。

「今どき、まだそんな指導者いるの？」

と言われるかもしれないけれど、これは事実である。

なぜなら、僕がアメリカから帰ってきてからも日本全国で頻繁《ひんぱん》に見かけた指導者たちの姿だからだ。

■成長段階の身体《からだ》に見合わない、無茶で過酷な練習メニューを課《か》すのは絶対によくない

２００９年の開幕前に開催された第2回ＷＢＣ（ワールド・ベースボール・クラシック）。日本は第1回に続いて連覇《れんぱ》を果たした。僕は1次リーグの日本ラウンドは解説者として観にいってきたし、アメリカラウンドはテレビで観戦した。そこで関心を持ったのは、投手の「球数制限」のルールだ。一試合につき、投手一人あたり、1次リーグが70球、2次リーグが85球、準決勝、決勝が１００球しか投げられなかったのだ。

ＷＢＣを観ていた日本の野球指導者には、このルールが意味することに、気がついてもらいたい。

体力、精神力、技術、経験を兼ね備えたプロ野球の一線級の投手に「多投してはいけない」と言っているのだ。この見解は、最先端のスポーツ医科学の研究成果が反映されている。それなのに、身体もできていない成長期の小学生、中学生、高校生、もちろん大学生にも、練習や試合で、100球、200球と投げさせている指導者が、とても多い。ひどいときは、何日も連投させるのだ。

バッターにしてもそうだ。指導者が「一日に1000回素振りをしろ」と言う。身体ができあがっていない子どもたちが1000回全力で素振りができるはずがない。どうしたって1000回できるようにペース配分をしてしまうし、そのペース配分した素振りを筋肉が覚えてしまうから、スイングがにぶくなるという悪循環《あくじゅんかん》に陥《おちい》る。そうなってしまうのであれば、50回を全力で、一回一回集中して素振りをしたほうがよっぽど効果がある。少し考えればわかることだけれど、それがわかっていない指導者が本当に多い。

子どもの肘《ひじ》や肩、腰がどうなってもいいのだろうか?

「お前ら勇気出せ！」

「根性出せ！」

そんなことを言われても、時代遅れも甚《はなは》だしいし勝利至上《しじょう》主義以外の、何物でもない。

成長過程にある子どもたちには育成が大切なのに、どんなことをしてでも勝つことしか考えていないのだろう。子どもの将来なんて、何も考えていないと言われても致《いた》し方ないと思う。目先の勝利、自分の手柄ではなく、もっと物事を大局で見てもらいたい。

それに、人間はため込むことはできない。「投げ込み」「打ち込み」「走り込み」、このすべてが迷信だということに気がついてほしい。

投げ込みして、何がたまりましたか？

走り込みして、何がたまりましたか？

打ち込みをして、どうでしたか？

たまったのは、乳酸《にゅうさん》だけではないですか？

食事だって、朝昼晩と3食毎日食べるから健康でいられる。一度に1ヵ月分食べると身体は壊《こわ》れる。

睡眠だって12時間寝たからって翌日寝なくても大丈夫かといえば、やっぱり夜には睡魔《すいま》が襲《おそ》ってくる。

そんなに一気に身体に負担をかけなくても少しずつ積み重ねていけばいいのだ。何事もコツコツと毎日続けることが大事なのではないだろうか。

■朝から晩までダラダラと練習を課すことに意味はない。バランスが大切多くの指導者たちは、平日は働き、土日は休み返上でほぼボランティアで長時間指導されている。その熱意は、本当に素晴らしいと思う。でも、正直、熱意だけではいけないし、時間の長さだけが練習の濃さではない。長年同じ練習方法を延々と続けることを良しとする指導者も目につく。

学生は勉強もしなくてはいけない。野球部だから、勉強は免除というのは違う。朝から晩まで一日中練習して、寝る時間もなくて、どうやって勉強する時間を捻出《ねんしゅつ》できるのだろうか。ダラダラと長時間、意味のない練習をするのではなく、効率的、合理《ごうり》的な練習メニューを考え、短時間集中型の練習をして、残りの時間を「勉強」や「遊び」に充《あ》てるべきだ。成長過程での「勉強」と「遊び」は、人間形成上とても大切な要素なのだ。

僕自身も経験があるのだけれど、学生時代に遊び足りなかったら反動がくる。道を踏み外してしまう人も出てくる。そうならないためにも、遊ぶ必要がある。

中学生なら、野球、勉強、遊び。

高校生や大学生なら、野球、勉強、恋愛。

恋愛は、相手を思いやる気持ちを感じることができる。大げさに聞こえるかもしれないけれど、彼女の気持ちを考えるということは、バッター心理を読むことにもつながっているのだから。

僕自身も中学や高校時代に恋人がいた。恋人がいると「彼女にいい思いをさせたい、僕の格好いいところを見てもらいたい」と思う。彼女だって、自分の彼氏が野球部のエースで優勝したら、気分がよくてうれしい。今で言えば、家族がいる。家族のためにも、がんばれる。

大人は、若者が恋愛するとそっちにばかりいってしまうから「恋愛禁止」にするのだろうけれど、そこも自立を促《うなが》していかなければならない。


何事も、バランスが大事なのだ。

トレーニング、休養、そして栄養補給のバランス。

野球、勉強、遊びのバランス。

走、攻、守のバランス。

バランスが保てていないと、すぐに不安定になる。それは、チームの和が乱れたり、集中力が保てずに怪我《けが》をしてしまうなど、アクシデントに見舞われがちにもなっていく。

■グラウンドでタバコを吸ったり、昼休みにアルコールを飲んで、指導する人がいる

「ぷっは～」とタバコを咥《くわ》えながらミーティングをするコーチも未だにいる。アルコールで真《ま》っ赤《か》な顔をし、ビール腹をさすりながらベンチでふんぞり返っている人もたくさんいる。自分に甘く優しい一方で、子どもたちには厳しい指導者はいらない。タバコがだめだとは思わない。アルコールもだめだと思わない。でも、時間と場所はわきまえないといけない。何もグラウンドで吸うことはない。

僕は子どもたちに次のように言っている。

「タバコは20歳過ぎたら、２００本でも３００本でも吸ったらいいし、お酒もたらふく飲めばいいさ。でも、君たちは成長期だし、今は野球をやっているんだから、野球にマイナスになることはしちゃいけないよ」

指導者として、一人の大人として、最低限のマナーや知識は身につけたうえで、子どもたちを率《ひき》いてほしいと切に願っている。

これまでのイメージやプライドは、どうでもいい。大事なのは、これから。人は、いつからでも、どこからでも、何度でも変われるという。やり直してみてはいかがだろうか？

そうすれば、子どもたちが指導者を見る目が変わる。そして、指導者の話に心から耳を

傾けてくれる。やがて練習の雰囲気《ふんいき》がよくなり、和が生まれる。そして、チームが強くなる。

指導者がベンチでふんぞり返っていちゃだめなんだ。グラウンドに出たら、まず自分から小石を拾ってみたらどうだろう？　雑草をとってみたらどうだろう？　少しでもイレギュラーを防げるし、怪我を防げる。そんな些細《ささい》なことであっても、指導者は言葉で伝えることも大切だが、自らの姿勢を見せることもそれ以上に大切なのだ。

■四六時中怒鳴《どな》って、選手を威嚇《いかく》しても成長しない

子どもたちを四六時中怒鳴り散らしている指導者も多い。

「三振した」

「エラーだ」

「動きが悪い！」

怒鳴らないと理解してもらえないほど「私には指導力がないんです」と、周りに宣言しているようなものじゃないだろうか。確かに叱《しか》らなければいけないときもあるかもしれない。でも、試合中、練習中、最初から最後まで、怒鳴り続けることはないと思う。

指導者にまず伝えたいのは、言うことを聞かない子どもたちに対して、「怒《おこ》る」ことと「叱る」ことは別物だと、強く意識して指導してほしいということ。「叱る」ことは指導になるが、「怒る」ことは感情に任せているにすぎない。選手のプレーに一喜《いっき》一憂《いちゆう》して、自分の思いどおりの結果にならないと怒る指導者が多すぎる。決して、感情に任せて相手を怒ってはいけない。

考えてみてほしい。自分だって6時間も7時間も、集中して練習したり、仕事をしたりできないでしょう？　試合で、毎打席ヒットは打てないでしょう？　いつも完封できるわけではないでしょう？　ときにはエラーだってするでしょう？　仕事でドジを踏むこともあるでしょう？

プロ野球選手だって、エラーはするし三振はするし、ホームランだって打たれる。だから子どもたちが、そうしたって当たり前。ミスしたプレーを分析し、解説してあげるべきだし、次はどうしたらいいかを教えてあげるべき。

ちゃんと教えてあげれば子どもは吸収力があるから、理解できる。

「今日はどういう感じで投げたの？　フォームは自分のなかでしっくりきていた？　体調は悪くなかったのか？」とちゃんと聞いてあげたうえで、今度はこうしよう、次回はこうしようと、指導者が次のトライをどう、後押しするか。

子どもたちに教えてあげてほしいのは、決して試合に勝つことだけがすべてではない、勝利至上主義ではいけないということだ。もちろん高校野球の名門校ともなると、甲子園に行けなかったらクビがとぶとか、監督にも相当なプレッシャーがあるのかもしれない。でも、それよりももっと大事なことがあるのだと、自分のクビを賭《か》けてでも、教えてあげてほしい。みんなで力を合わせて、目標に向けて努力することが一番で、結果はその次。ベストを尽くしてダメだったら仕方がない。むしろ、いかに悔《く》いのないようにベストを尽くすか、ということを伝えられる指導者であってほしい。

■無意味な発声ばかりが伝統となるチーム

大きな声を出させることによって、士気を鼓舞《こぶ》する指導者もとても多い。何かあると「オィオィー！」と声をかけ合う。軍隊じゃないんだから。もちろん、気合も大事だけれど、最初の1回だけでいいんだ。

それにキャッチボールするときは声を出しちゃいけない。声なんか出していたら、そっちに気をとられちゃって、「捕《と》って」「投げる」という感覚に集中できないわけだから。

そもそも試合では声出して投げないでしょう。

「オィオィー！」

って言いながら投げないんだ。だから必要ない。試合でやらないことは練習でやっても仕方ない。たいていの指導者は、大声をかけ合わないと「お前ら元気がないぞ！」と言うんだけれど、それは違う。

でも、キャッチボールの最後の10球。相手との距離を縮めながら、テンポよくクイックスローをする段階になったら、投げたあとには声を出す。内野でゲッツーを狙《ねら》うときには、声を出しベースカバーに入っている相手に知らせないといけないから。そのときのために、声を出す練習をしておくというわけ。

麻生ジャイアンツの出場したある大会で、こんなこともあった。僕らと他のチームが試合をしている最中に、次の試合を戦う予定の、伝統あるチームのマイクロバスが球場横の駐車スペースに入ってきた。そのとき、彼らはバスの窓を全開にして、大声で歌を歌っていた。いったい何事かと思って見ていたら、歌いながら駐車場に入ってきたあと、

「いち、にー、さん」

と、大声を出しながらウォーミングアップを始めたのだ。

明らかにいま試合をしている子どもたちの集中力を削《そ》ぐ行為であった。

試合をしている選手たちを思いやる気持ちがあったら、あんな大きな声を出したりでき

ないはず。指導者なら、技術と一緒に、相手を思いやり、尊重することを教えるべきだ。このように「声」に関することだけでも、様々な教育方針がある。野球は本当に奥が深いスポーツだから、指導者も常に勉強を積み重ねていかないといけないのだ。

野球少年や、その親御《おやご》さんたちは、この章を読んで何を思っただろうか。思い当たる指導者はいるだろうか。早く環境を変えたいと思っただろうか。僕も長男を高校の野球部に預《あず》けているから、親御さんの気持ちはわかるつもりだ。

ただこれだけは言いたい。

「一度壊れてしまった身体というのは、壊れる前の身体には絶対に戻らない」

「一度壊れてしまった心を元どおりに修復することはできない」

何か指導者に対して疑問に思ったことがあれば、直接言うのは勇気がいるとは思うけれど、周りに相談してみてはどうだろうか。自分のかけがえのない身体は自分で守らないといけない。

1983年、僕が高校1年生のときを例にあげよう。大阪府大会を勝ち上がり、夏の甲子園で優勝をつかんだ。そのときは真夏の暑い日差しのなか、連投につぐ連投を重ねた。

その戦績は次のようになっている。

8月11日　1回戦／所沢《ところざわ》商業戦で112球（完投）
8月16日　2回戦／中津《なかつ》工戦で98球（完封）
8月17日　3回戦／東海大一戦で33球（8回からリリーフ）
8月19日　準々決勝／高知商戦で93球（4回2／3降板）
8月20日　準決勝／池田戦で102球（完封）
8月21日　決勝／横浜商戦で99球（6回1／3降板）

これを見ると、現代野球ではありえないくらい、球数を投げて、肩を消耗《しょうもう》しているのがわかる。だから、僕は甲子園から戻って、監督やコーチに、

「しばらく投げません」

「ボールは握《にぎ》りません」

と伝えたり、授業時間以外は一日中練習するのが当たり前だったのに、

「全体練習は朝10時から13時までで終わり、残りを個人練習にしてください」

と頼みに行った。最初は、

「何を言っているんだ！」

と怒られたけど、

「秋の大会で負けて、次の春の選抜（2年時）で甲子園に出られなかったら、元の練習ス

タイルに戻してください」

と提案したら、中村監督は、「じゃあ、やってみよう」と受け入れてくれた。

明らかに投げすぎた、練習をしすぎたと自分で判断したから、監督やコーチに申し出たのだ。あのまま投げ続け、肩を酷使《こくし》していたら、今はなかった。根性も大切だ。けれど、壊れてしまっては元も子もない。自らの身体のメカニズムを冷静に分析し、休むことも大事なのだ。根性と科学的要素を考慮した、「超科学的根性野球」が必要なのではないだろうか。

少年時代、練習に行って殴《なぐ》られなかった日はないくらい、怒られ殴られた。朝から晩まで練習するのが当たり前の時代、真夏でも水を飲めなかった時代だ。耐え切れず、本当にトイレの水や雨上がりにできた水溜《みずたま》りの水を飲んだ経験もある。甲子園、ジャイアンツ、そしてメジャーでも投げさせていただき、野球というものを、ある程度は、わかってきているとと思う。そんな経験をしてきた僕が、今の日本の野球指導者にお願いしたいこと。それは厳しい言い方かもしれないけど、

「気がついてほしい」

ということ。

いい指導者がいてこそ、素晴らしい金の卵を孵化《ふか》させることができるのだし、そういう選手が将来の日本球界を引っ張っていってくれるのだ。

子どもたちを見ていると、本当に楽しいし、勉強になる。

上手《じょうず》な子どももいれば、そうではない子どももいる。

体格がいい子どももいれば、小さい子どももいる。

いろんな子どもがいる。

みんな、宝物なんだ。他人の親から預かっている大切な宝物。

だから、選手よりも先に指導者の育成が急務なのだ。

1987年7月8日、プロ初完封勝利をあげた桑田を迎える王貞治監督。
王は桑田が尊敬する野球人の一人。

第8章 仁

どんなに調子がいいときでも、
どんなにもてはやされたとしても、
常に謙虚《けんきょ》であり続けたい。
仁義《じんぎ》ある野球人の共通点。
それは謙虚であるということなのだ。

２００６年、僕は巨人の18番のユニフォームを着ながらも、二軍でずっと調整をしていた。

開幕は例年どおり一軍でのスタートとなり、４月13日の広島カープとの試合で６００日ぶりの勝ち投手となって、通算１７３勝目をあげた。しかし、この試合でバッターとして一塁に駆け込む際、思わぬ足首の捻挫《ねんざ》をしてしまう。それがきっかけで、下半身が使えないピッチングになってしまい、中13日で投げた４月27日の広島カープ戦では、３回途中６失点で降板した。あとから考えるとこの試合が、ジャイアンツでの最後の一軍マウンドになった。

６月になると、足首は回復し、ファームの試合でも好結果を出し、復調していた。６月29日仙台で行われた二軍のイースタンの楽天戦では６回86球４安打、１失点と結果を出した。当時、一軍は連敗中であったので、当然一軍に呼ばれるものだと、信じていた。

ところが、僕の一軍行きは叶《かな》わなかった。

7月になっても、8月になっても、投げられるのに、抑《おさ》えられる自信があるのに、一軍から声がかかることはなかった。何の連絡も説明もなく、時は過ぎ、結局僕の一軍行きは叶わない。当時の一軍は8連敗や10連敗を喫《きつ》するなど苦しい状況であったし、先発のローテーションも苦しそうだった。二軍で回復している僕が先発でマウンドにあがっても何も不思議ではない状況だった。チームが苦しい時期にチームを助けるのがベテランの仕事だし、先発が足りないときでも他のローテーション投手に無理をさせず、自分が投げることで負けを背負うことになっても、それもベテランの仕事。ブルペンで投げていてもいいボールは投げられたし、二軍での試合で結果も残した。それでも連絡はなかった。

「なぜ、一軍にあげないんだろう?」

周囲も徐々《じょじょ》に騒がしくなった。

たとえ、一軍の監督やコーチから直接言ってもらわなくても、二軍の監督やコーチを通じて、どういう意図なのかを知らせるという手段もあるわけだし、そこはコミュニケーション不足だったかもしれない。でも、僕は当時、

「なんでオレを使わないんだ!」

とは思わなかった。

この時期の僕は冷静に、

「一軍の監督やコーチとは野球観が違うのかな」

と考えていた。

野球観は、100人いたら100通りある。チームを率《ひき》いるのは監督だし、野球は監督が先頭に立って戦うスポーツ。その監督の野球観に合わない選手もいる。僕が監督の野球観に合わなかった。連敗中に声をかけてもらえなかったのは、それが理由だと思う。だから力になれず、逆に申し訳なかったという気持ちだ。

必要とされていない。そう感じた僕はジャイアンツのユニフォームを脱ぐ決断をした。自分が必要とされていなく、かつ野球観が合わないのであれば仕方のないことだった。

では、桑田真澄の野球観はどういうものなのか。

それは父や小学校・中学校時代の監督やコーチなど、書き尽くせない数の人々に指導していただき、形成された。そのなかでも、ここでは尊敬する野球人を5人ほど紹介させていただきたい。

恩師といえば、やはりPL学園高校の中村順司《じゅんじ》監督（現・名古屋商科大学野球部監督）だ。

「クワタ、常に謙虚にいこう。偉そうになっちゃいかん、天狗になったらダメだぞ」

監督は、在学中の3年間、いつも口癖《くちぐせ》のように何百回と言い続けて下さった。

オリンピックで金メダルを取った選手の親御《おやご》さんの、〝偉そうなことを言えるのは勝った人の特権だ〟というような内容の記事を読んだことがある。確かにそれも一つの考え方かもしれない。ただ、その一方で言えるのは、もしもPL学園の中村監督がそういう考え方の人だったら、きっと今の僕はなかったし、5回も甲子園に行けなかった。この考え方を、高校時代に中村監督から教わったというのが、僕にとってのベストなタイミングだったし、本当に、素晴らしい監督に巡《めぐ》り会えたと思う。

高校1年生の夏にPL学園が甲子園で優勝してからは、ものすごい数の女子高生やマスコミが連日球場に来ていた。寮を出て、グラウンドに行くまでも人だかりだったし、移動のときも小さくなって隠《かく》れるようにしていた。幸い僕は小さいから、あまり見つからなかったけれど、清原君は大きいから、いつも苦労していた。

そんなとき、事あるごとに中村監督が、

「常に謙虚にな」

と言い続けてくれた。だからこそ高校時代、自分を見失うことはなかった。「謙虚」という言葉が誰よりも似合うのは中村監督だと思う。実際に僕は、監督よりも謙虚な人に出会ったことがない。まさに日本中が注目したと言っていい、PL学園高校の全盛期。そのときに野球部を率いていた監督だったから、どこへ行っても、何をしていても、雑音が多かったのではないかということは容易に想像できる。にもかかわらず、偉そうなそぶりを一切《いっさい》、見せなかった。

中村監督は、礼儀と挨拶《あいさつ》を大切にする。どんな人が来ても、挨拶は欠かさない。試合に勝っても、「勝った」という言葉を使わない。いつも、「勝たせていただいた」とおっしゃっていた。僕は、その言葉にすごく惹《ひ》かれていた。今でも僕が「勝たせていただいた」という表現を使うのも、ストライクをとるたびに「ありがとう」と心のなかで言えるのも、中村監督の影響を受けているから。野球に限らず、人生においても、「生きている」と思うのではなく「生かされている」と考えるようにしているのも、中村監督に教えていただいたことなのだ。

また、中村監督がよく使われていて印象に残っているのが、

「球道即人道」

という言葉。これはもともと、ＰＬ学園の母体であるパーフェクト・リバティー（ＰＬ）教団の御木《みき》徳近《とくちか》教主が野球部に贈られた言葉で、ＰＬ学園野球部の部訓だった。

「野球道すなわち人の道、人の道すなわち野球の道」

野球を通じての人間形成。この言葉は野球を極めようとするなかで、僕に大きな影響を

与えてくれた。中村監督には野球の技術的なことより精神面の大切さを説いていただいた。野球ができることに感謝の心をもつようにとよくお話ししてくださったのだ。

もうお一人、高校時代の僕に欠かすことのできない恩師が、PL学園で臨時コーチを務めていた清水一夫さん。清水さんは市立神港《しんこう》高校、報徳《ほうとく》学園高校の野球部監督として春4回、夏4回の甲子園出場経験があり、社会人野球の神戸製鋼の監督として都市対抗野球でも優勝した、名将の誉《ほま》れ高き人だ。詳《くわ》しくは次章でも触れるが、高校生のときに、基礎からみっちりと身体《からだ》を鍛《きた》え上げてくれたことに感謝しているし、野球が頭を使ってするスポーツだということも、全部清水さんが教えてくれた。

一緒にお風呂に入ったり、食事をするときに、

「このケースではこうしよう」

「相手がこうきたら、こうだろう」

「打者のここを見れば狙《ねら》い球がわかる」

と教えてくれた。

甲子園でランナーが一塁にいるケース。相手のバントを殺してダブルプレーをとったのは、僕が一番多いのではないだろうか。それはこの清水さんの教えがあったからだ。

僕が1年のときは、みっちり清水さんがコーチをしてくれたが、いろいろ事情があり、次第にコーチに来られなくなった。でも、甲子園の地方大会の頃になると必ずやってきて、チェックしてくれていた。

ピッチングのみならず、バッティングについても見てくれた。高校時代、僕はほとんどバッティングの練習をしていなかった。さすがに大会が近づくとバットを握《にぎ》る。でも、付《つ》け焼刃《やきば》だから上手く打てないときもある。そんなときも、

「クワタ、一ヵ所。ここ直せ」

と教えてくれた。すると、大会になるとポンポン打てたのだから不思議なものだ。

その清水さんは、毎回甲子園にも来てくれていたのだが、1985年、最後の夏の甲子園のときだけは来られなかった。交通事故に遭《あ》ってしまい、集中治療室に入るほどの重傷。家族の人が、医師からもう諦《あきら》めてくださいと言われたほどだった。一命は取りとめたものの、そのまま寝たきりになり、何も喋《しゃべ》らず、ただただ寝ているだけだった。

見かねた息子さんが、せめて好きな野球を見せてあげようと、病室で僕が甲子園で投げているビデオをかけ続けた。1ヵ月ほどたったある日、それまで一言《ひとこと》も喋らなかった清水さんが、

「あっ、フォームがくるっとる。これは行って言うたらなあかん。真澄のフォームがくる

っとる」

とビデオを見ながら言ったのだそうだ。

そこから驚異的な回復を見せた。その後は元気に生活されていたのだが、残念ながら、2004年の1月、73歳で天命を全《まっと》うされた。僕の礎《いしずえ》を築いてくれた恩人は骨の髄《ずい》まで野球人だったのだ。

プロ野球界における恩人といえば、故・藤田元司《ふじたもとし》さんが真っ先に思い浮かぶ。1989〜1992年の計4シーズン、巨人の監督と選手として一緒に戦わせていただいた。指導者としてだけではなく、人として、本当に尊敬できる、素晴らしい方だった。僕にとっての藤田さんは、ピッチャーとは何たるかを教えてくださった方。ピッチャーとしての土台を築いてくださったのが清水さんなら、藤田さんはプロのピッチャーとしての花を咲かせてくださった。

僕は若い頃、プロ野球選手たるもの、絶頂のときにやめるのが美学だと考えていた。ボロボロになる姿を見せることなど、格好悪いと考えていた。1990年に謹慎処分を受けたとき、もう野球ができないのならやめてしまえとヤケになっていたことがあった。

そんなある日、藤田さんにこう言われた。

「桑田、野球っていうのは、もういいやってやめてしまうようではダメだよ。これでもか、これでもかって食らいついていけよ。それが、本当に野球を愛してる男のやることじゃないか……」

僕は藤田さんのその言葉を聞いた瞬間、背筋《せすじ》がゾクゾクした。のちに、数字がともなわなくなった僕に対して、

「もういいだろ」

「潮時《しおどき》じゃないか」

「引《ひ》き際《ぎわ》を考えろ」

と引退するように勧《すす》めた球界の先輩はいたが、

「ボロボロになるまでしがみつけ」

とおっしゃった方は、藤田さんただ一人だけ。藤田さんは長い間、闘病生活を余儀《よぎ》なくされ、２００６年にお亡くなりになった。生前、藤田さんは僕に突然、こんなことをおっしゃった。

「桑田、悪かったな」

僕は意味がわからなくて、

「何がですか」

と聞き返した。すると、

「お前がここまでやるとは思わなかった。もうお前ぐらいの実績があったら、とうにやめて当然だろう。オレが昔、お前に、野球に食らいつけ、なんて言ったもんだから、ずいぶんつらい思いをさせてしまったな」

そのとき、確かに僕は思うような成績を残せずに苦しんでいた。そんな僕のことを心配してくださったのだろう。だから僕は、

「監督、違います。あの言葉をいただいたからこそ、僕はまだまだやりたいと思えるんです。自分が納得《なっとく》するまでやりたいんです。成績が出なくても、自分が投げたいと思えるうちは投げ続けたいんです」

と、素直な気持ちを話した。

それでも藤田さんは、

「そうか。でも、本当につらい思いをさせた」

とおっしゃっていた。藤田さんは10年以上も前の言葉をずっと覚えていて、それを重く受け止めてくださっていたのだ。

藤田さんのお墓には、何度も足を運んでいる。何かあったときに相談することもあったし、御礼や報告に行ったこともある。ジャイアンツを退団したあと、メジャーに挑戦をし

ようかというときも、藤田さんのお墓の前で、

「どうしたらいいのですか」

と何度も何度も問いかけた。人生で、本当に信頼できる人には何人も出会えるものではない。清水さんも、藤田さんも、いつも天国から僕のことを見守ってくださっているのだと思う。


また、王貞治《おうさだはる》さんにも感謝している。王さんが、

「桑田を1位でいこう」

と決断してくださったからこそ、僕は高校を出てすぐ、憧《あこが》れのジャイアンツでプレーすることができた。のちに王さんは、ドラフトで僕を指名したことについて、

「ドラフトではつらい思いをさせたな」

とおっしゃってくださった。ジャイアンツと僕との間に密約があったのではないかと、ずいぶん世間から激しく批判されたから、そのことをずっと気にしていてくださったのだろう。でも僕は、

「王さん、そんなことはないんです。ああいう経験をさせてもらってよかったと思っていますし、あのタイミングでプロの世界に飛び込めたから、今の僕があるんです」

と感謝の気持ちを伝えた。「世界の王」といわれるほどの方なのに、王さんも謙虚で、横柄《おうへい》なところが何ひとつない。

僕は高校時代に中村監督から謙虚さを教わったおかげで、自分を見失いそうになったときでも何とか踏みとどまってこられたが、もう一つ、プロに入ったときに王さんに「努力」と書いた色紙をいただいたことも大きかった。

マスコミに犯罪者のような扱《あつか》いで追いかけ回された、17歳の高校生が信じてきた「努力」という言葉を、あの王さんからいただいたということが、どれほど僕の救いとなったことか。

王さんは巨人の監督のあと、ホークスを長期間率いて、黄金時代を築いた。そして、WBCでも個性あふれる選手を束ね、1回目で日本代表を優勝に導《みちび》き、2回目も陰でサポートして優勝を支えていた。その指導哲学をじっくり学びたい。

藤田さんも、王さんも、様々な苦労を重ねて、いろんな想《おも》いを経験していらしたから、正に器《うつわ》の大きさが違うのだと思う。

そして、今のプロ野球界で僕が尊敬できる方が、もう一人。それは、東北楽天ゴールデンイーグルスの野村克也《のむらかつや》名誉監督。2009年、仙台の球場に行って、当時、監督だった野村さんとゆっくりお話しさせていただく機会があり、非常に興味深いことをたくさんうかがうことができた。野球の話をしていると、会話は止まらなくなってしまった。イーグルスの練習が終わったので、僕が時間を気にして、「そろそろ……」と切り出しても、「まだ大丈夫だよ」と話を続けてくださった。

僕の現役時代はスワローズ、タイガースと、同リーグのライバルチームの監督をされていたから、ゆっくりと話をさせていただく機会はなかったのだが、僕は敵将の野村監督と、試合中に言葉なき会話をいくつも交わしてきたような気がする。ここはバスターだ、これは送りバントだと、常に野村監督の頭脳を覗《のぞ》き見るような感覚でプレーしていた。

「ほら、やっぱりエンドランだ、読んでますよ」

「これは右打ちのサインを出しているんでしょう、僕は読んでますから、右打ちなんかさせませんよ」

という感じで、ベンチの野村監督と戦っていた。

もちろん、逆に僕の頭のなかを見透かされてしまったこともあった。野村監督がスワローズを率いていた頃というのは、僕にとってはプロ野球選手としての全盛期でもあったから、野村監督とのかけひきはとても楽しい戦いだった。

僕は、現役を退《しりぞ》いて、改めて野村さんの指導者としてのすごさ、素晴らしさを感じている。ただ野球が上手《じょうず》になればいいという教え方ではない。野球選手である前に、一人の人間として大事なことを選手に教えている。それは指導者として、僕が理想とする姿でもあるし、僕ごときが申し上げていいことではないかもしれないけれど、同じ志《こころざし》をもっている方だという感覚がある。話していても自然とわかり合えることが多く、一を聞けば十を理解できるような、お互いに相通じる気持ちが芽生《めば》えたのが印象《いんしょう》的だった。

人には、いろんなタイプがいる。いろいろな野球観をもった人がいる。そして、違う種類の人とは決して通じ合うことのない想いというものがある。僕が野村さんとお話しさせていただいたとき、心に残る一言があった。

「クワタ、少年野球にこそ、野球の原点があるんだよ」

野村さんは早くからご自身で少年野球チームをもって、指導されてきている。実際に現場に出て、直接、子どもたちを指導されている方はなかなかいない。僕がボーイズリーグの会長を務めていることを野村さんがご存じかどうかはわからないが、僕も野村さんとまったく同じ気持ち。僕も少年野球にこそ野球の原点があると信じている。だからこそ、自分でチームを作って指導している。野村さんは相手チームの監督だったし、現役の間は遠慮していたが、これからはいろいろ教えていただきたいと思っている。そのことを野村さんにお話ししたら、

「いやいや、教えるなんてとんでもない。私もまだ修行中の身ですから」

とおっしゃった。あれほどの野球人でありながらそういう言葉がサラッと出てくる、そんな姿勢が素晴らしいと思う。

桑田が高校時代から引退まで、ほぼ毎日続けてきたのが1日50回のシャドウピッチング。

第9章 成長の法則

練習したからといって、
すぐに結果が出るものではない。
毎日コツコツ努力していると、
人間はある日突然、成長する。

昔はピッチャーには腕立て伏せはよくない、という説があった。でも、僕は肩の安定感強化や、肘《ひじ》の強化にやはり腕立て伏せはいいなと思っていた。現役引退後も、少しずつ続けてきた。

実は、僕は腕立て伏せに苦手《にがて》意識がある。プロ野球選手なのに、10回くらいすると腕がプルプル震えてきてしまう。でも、引退後に毎日10回ずつ続けているうちに、ある日突然20回できるようになった。そして、20回を続けているうちに30回できるようになり、最後は40回まで一気にできた。これには自分自身がとても驚いた。

思えば、子どもの頃の自転車もそうだった。三輪車から始まって、補助輪つきの自転車に乗る。それに慣れてくれば、補助輪をはずして乗れるように練習する。最初はまったく乗れない。大人に後ろで支えてもらわないと乗れない。一向にコツがつかめなくて、何回も何時間も何日もチャレンジしても乗れる気配がない。ところが、ふとした瞬間にいきなり乗れるようになって、そのまま一生乗れることになる。同じようなことは、逆上がりや平泳ぎなどにも言えるのかもしれない。

努力を重ねて、地道に練習して、あるときふっと克服《こくふく》する。これを僕は「成長の法則」と呼んでいる。

階段の形のグラフだと思ってほしい。試行錯誤《しこうさくご》を重ねても、あるところまでは、変化なくまっすぐ進んでいく。そして、いきなり垂直に上に伸びる。そのあとはまた変化なくまっすぐに進み、ふっとまた上に伸びる。その繰り返しだ。


僕が「成長の法則」に気づいたのは、PL学園のとき。高校1年生の初夏の頃。当時の僕は練習試合で投げさせてもらってはメッタ打ちを食《く》らうばかり。小柄だったこともあって、ピッチャー失格となった。それでも僕は1年生の役割である球拾い専門にさせられたわけではなく、1年生ながらにフリーバッティングをさせてもらっては快音を響かせていたし、足と守備を評価されて外野の守備にもついていた。当時の中村順司監督は野手として使えるのではないかと考えていたのだと思う。

そうなると監督として困るのは僕らの年代のピッチャーを誰にするかということだ。そこで中村監督は臨時コーチとして、清水一夫さんを招聘《しょうへい》した。清水さんは監督に「ピッチャーを作ってほしい」と請《こ》われてPL学園へやってきたのだ。

清水さんがＰＬ学園にいらした初日のこと。あの当時、清水さんの年齢は50代半《なか》ばぐらいだったと思う。

僕が守っていたライトの後ろのフェンス際《ぎわ》を、前かがみになり、ベルトの内側に両手を突っ込んでチョコチョコ歩いてきた。「けったいな、おじんやな」と思ったのを覚えている。

ノックを受け、フライをキャッチして、中継のセカンドに投げる。「外野手に転向かな」と思っていた僕は、来る日も来る日も外野からの返球で認められようと必死だった。そのとき、清水さんが中村監督におっしゃったらしい。

「監督、あのライトを守っている子にピッチャーをやらせたらどう？」

「あの子はピッチャーに向いていないと思ったので、今、外野をやらせているんです」

「イヤ、あの子はピッチャーに向いている。オレが責任を持って作り上げるから任せてくれないか」

そうして、ライトを守っていた僕はピッチャーに返り咲いた。

あとから聞いた話だと、清水さんが寮を出て外野をぐるっと回ってグラウンドに向かっていたときに、ライトにフライが飛んできた。それを僕が内野にスピンのかかった糸を引くようなボールを返したらしい。それを清水さんは僕の真後ろから見ていた。

「あぁ、コイツはピッチャーのボールを投げるな」

と思ったそうだ。

それは、地獄の日々の始まりでもあった。

清水さんは僕に対して人一倍、いや、人三倍くらい厳しい練習を課《か》した。

「坊主、投げてみぃ。オレが受けたる。こいっ」

とミットを構える。

「ホンマに受けられるかなぁ。このおじさん、大丈夫かな」

と思いながらも投げてみた。

「パーン!」

ものすごくいい音を鳴らしながら、僕のボールを受けてくれた。

「へー。すごいな、このおっさん」

それもそのはず、清水さんはキャッチャー出身の名監督・名コーチだったのだ。

その投球練習は厳しいものだった。構えたところにきたボールしか捕《と》らない。外《はず》れたらミットを動かしもしないし、ボールの行方も見ない。

「はい、(後ろにいった)ボールを取ってこいー」となる。

清水さんの向こうに転《ころ》がっているボールを取りに行かなければならない。ボールをつかんで走って、元の位置に戻ろうとすると、背中を向けて仁王《におう》立ちしている清水さんがいる。大きくそれないまでも、構えたところから外れても捕ってはくれるのだけれど投げ返してはくれない。ポロッと、足元に転がすだけ。

「取りに来い！」

となる。夏場にこれをやられると、本当にしんどかった。

投球練習以外のスクワットや筋力トレーニングなどの基礎練習もきつかった。

練習を終えて、クタクタになって寮に帰ると、1年生だから炊事《すいじ》や洗濯《せんたく》の仕事が待っている。身体《からだ》を休める時間なんてなかった。やっとそれも終わったと思ったら、今度はチームメイトに、

「クワタァ、清水コーチが呼んでいるぞ」

と言われて、部屋に行く。すると清水さんは、

「おう、クワタ、マッサージせえ」

なぜ清水さんにクタクタのヘトヘトにされている僕が、ほとんどトレーニングもしていないこのおっさんのマッサージをせなあかんのかと思いながらマッサージを終えると、次には、「よし、風呂に入るぞ」と言う。

「どうぞ、勝手に入ってくださいよ」

と思っていると、「クワタ、背中を流せ」とくる。

手ぬぐいを両手にもってゴシゴシ背中を洗っていると、

「右手で右に回せ」

と言われる。

「なんで回さなアカンのよ」

と思いながら右回しで洗ったと思ったら、

「はい、左」

と言われて、

「今度はなんで左なんだ」

と思いながら、左回しで洗う。終わったと思ったら、

「よし、じゃあ、あとはタイルを磨《みが》いておけ！　終わったら部屋でシャドウやるからな」

真っ裸でタイルを磨いて、今度は清水さんが待つ部屋に行く。

ローソクをもってきた清水さんがパッと火を点《つ》ける。

「これ、消えるまでシャドウやっとけ」

タオルを握《にぎ》ってのシャドウピッチング。

「あかん、それではあかん。火は消えないわ」

と叱咤《しった》が飛ぶ。

「オレは疲れたから寝るわ。消えるまでやっとけ」

「やっと鬼がいなくなったよ」とホッとした瞬間、また扉が開いた。

「おう、クワタ。それ終わったら、オレが教えた肘のストレッチをちゃんとやれよ！　あれをやると肘が強くなるんだ」

と言いながら部屋に戻っていく。

こうしたやり取りの合間には、前章で書いたとおり、野球を論理的に分析するための考え方に気づかせてくれた。

わずか数週間だったが、いま振り返ってみても心身ともに濃密な時間を過ごせたと思う。

夏の甲子園の大阪府大会が始まり、1年の夏から勝ち抜いた僕たちは、早くも甲子園出場を現実のものとした。清原君は背番号3でファーストのレギュラーとなり、1年生ながらチームの4番バッター。僕は背番号11をもらってベンチ入りを果たし、甲子園の土を踏んだ。

しかし大舞台を前にして、僕には大きな心配事があった。カーブが思うように曲がらなかったのだ。4回戦から登板していた大阪府大会は、ほとんどストレートだけで勝ったようなものだった。

だから僕は、清水さんに「大阪府大会ではストレートだけでも勝てましたけれど、甲子園では通用しないと思うのですが」と真剣に相談した。ところが清水さんは、

「何を言ってるんだよ、クワタ。甲子園に行ったら曲がるから、安心しとけ！」

正直、僕は「ええ加減なことを」と、不安が解消されないまま甲子園の初戦・所沢《ところざわ》商戦のマウンドにあがったのである。わずか15歳で経験する初めての甲子園。スタンドには溢《あふ》れんばかりの声援を送ってくれる観客がいたのだろうが、僕にはその雰囲気《ふんいき》を楽しむ余裕はなかった。なぜなら「ストレートだけで甲子園で勝てるとは思っていなかった」から。

試合開始前に投球練習をしていたときのこと。

ストレートを何球か投げたあと、僕はカーブを試そうと振りかぶった。投球動作に入ろうと右腕をおろしたとき、ボールを握っている右手が右ももに当たってしまった。

そのせいでボールの握りが少しずれてしまった。

「しまった」と思ったが、もう遅い。仕方なく、ずれたままの握りでキャッチャー目がけてカーブを投げ込んだ。

ところがどうだろう。

自分の予想に反して、カーブがストーンと曲がったのだ。

投げた自分がびっくりするほどの切れ味だった。

1球だけのまぐれかもしれないと思ったのだけれど、握りをずらしてカーブを投げると、何球投げてもストーン！　ストーン！　と曲がってくれた。

カーブが投げられるようになり、ピッチングが楽になった。バックネット裏を見たら、清水さんが腕組みをして僕のことをじっと見つめていた。その姿を見ているうちに、清水さんがいつも口を酸《す》っぱくして「こういうストレッチを毎日しとけ」と言っていたのを思い出した。あのアドバイスが、大一番に活《い》きたのだ。そのストレッチというのは、肘を強化するためのものだった。

努力が実を結んだ瞬間だった。

おかげで試合ではアウトローとインハイへ、カーブもストレートもビシビシと決まる。所沢商を相手に6対2で完投勝利をあげ、そのあとも負けることなく、全国の頂点に立つことができた。

この経験は大きかった。地道に努力を続けていけば、ある日突然伸びるときがある。僕はこれに気づけたことが本当にうれしかった。この「気づく」というのには能力が必要。PL学園で同じような練習をして、同じように寮で生活しているのにもかかわらず、うまくなる人と、そうでない人がいる。その差は気づくかどうか。

ノックを受けていても、

「早く終わらないかな」

と考えながら、漠然《ばくぜん》とボールにグローブを差し出し、ただ捕るだけでは何も進歩しない。

僕はボールが飛んできたら、瞬時にボールをグローブのどこで捕ればいいのかを判断していた。フライや、走者にタッチするようなときは、グローブの網《あみ》で捕る。なぜなら、ここが一番ボールが抜けにくいから。がっちり捕って、正確にプレーするための技術。

内野ゴロで併殺《へいさつ》を狙《ねら》うときや、きわどいタイミングのゴロのときはグローブの下の部分（手首に近い縁《ふち》）に当てるようなイメージで捕りに行く。当てて、そのはね返ったボールをつかむような感覚。がっちり捕ってしまうと、捕る↓グローブを開く↓ボールをつかむ、と3段階時間がかかるが、手首に近い縁に当てるイメージだと、グローブを開かなくてもボールが捕れるので、捕る↓ボールをつかむ、と2段階で素早くスローイングに移れる。

また、キャッチボールするときは、グローブのど真ん中で捕って、いい音を鳴らすようにする。パァーン！　いい音が鳴っていると投げている相手も気持ちいいので、気分が乗ってくる。

少年野球の本を読むと、必ず「ボールはグローブの芯《しん》で捕りなさい」と書いてある。でも、本来はそんなに単純なことじゃないということに、考えてノックを捕っていれば気づく。

気づく人と気づかない人。それだけで大きな差が生まれてくる。

この「気づく」というのは準備をしっかりしていれば身につく。その準備で一番大事なのは努力。努力していない人には、誰も力を貸してくれない。でも、努力、努力、努力を重ねている人は、突然気づけたり、ポーンと突き抜けたりする。

ある日突然、うまくなる。ある日突然、成果が見える。

もうだめだ！　もうつらい！　と思っても、怠《なま》けたいという気持ちを抑《おさ》え込む「努力」があればこそ、成長する。

これが「成長の法則」なのだ。

マウンド上でボールにつぶやく。凝視することにより集中力が高まる。

第10章 万里一空

「万里一空」。
世界のすべてのものはつながっている。
雄大な自然のように、
謙虚に、そして堂々と
胸を張って生きていきたい。

全治1年。

「肘《ひじ》を手術して、投げられるまでに1年はかかる」

ロサンゼルスでジョーブ博士にそう告《つ》げられた。

11年目のシーズンは、すべて棒にふった。

記録のない、空白の1年。

右肘にメスを入れる前夜、僕はまったく眠れなかった。

日付が変わる頃、傷のないきれいな右肘にお別れをするために、僕はベッドから起き上がって、シャドウピッチングを繰り返した。おかげで、ようやく眠りにつくことができたのだが、夢のなかで突然、どこかで読んだ宮本武蔵《みやもとむさし》の境地が蘇《よみがえ》ってきた。

「山水《さんすい》三千世界を万里一空に入れ、満天地とも攬《と》る」

どこまでもどこまでも、果てしなく続く空。空は一つしかない。この世にあるすべてのものは、同じ空の下にあるのだ。そう思えば、万里に及ぶ空のもと、この右腕も自然の力に託《たく》すしかない。

そして、僕は右肘の手術を受ける直前、大事にもっていたメジャーのボールに、

「万里一空　1995・10・10」

と書き記《しる》した。

そのときは、宮本武蔵の言葉かな、という程度《ていど》で言葉の由来を正確に把握《はあく》していたわけではなかったが、なぜか夢のなかで突然思い浮かんだのだ。


あれはプロ1年目のシーズンを終えた1986年の秋のことだ。

チームから、

「クワタ、アリゾナのキャンプに行ってこい」

と言われた。

ペナントレースは広島にゲーム差ゼロで優勝をさらわれた。日本シリーズに備える必要もなくなったから、チームは僕をアリゾナに送り込み、きたえようと考えたのだろう。

ルーキーシーズンの僕は、15試合に登板して、2勝1敗。プロの壁を感じていた頃で、少し腐《くさ》っていた。

「やっぱりプロの壁は厚い。このままだと来年もだめだろうし、力が違いすぎるんだもん

なぁ。アリゾナ行っても、どうにもならないだろう」

とはいえ、チームの方針にルーキーが逆らえるはずもなく、絶望感を引きずったまま、アリゾナのキャンプに参加した。

アリゾナでは、そこそこの結果を残せたが、鬱々《うつうつ》とした気分が晴れることはなかった。

そのキャンプの最終日に、グランド・キャニオン観光が予定されていた。

「いやだなぁ。行きたくないなぁ」

そう思っていたのだが、須藤豊《すどうゆたか》二軍監督に、

「行くぞ」

とバスに乗せられ、4、5時間後ろの座席でブスッとしていた。

やがて、グランド・キャニオンに着いた。アリゾナといえども、もう冬の直前だったこともあり、気温も低かった。

「寒いから、バスにいます」

マネージャーにそう言ったのだけれど、

「うるさい、グズグズ言わずに早くしろ！」

無理やり降ろされてしまい、みんなのあとを追いかけた。

「何がグランド・キャニオンだよ……」

その瞬間、一気に視界が開けた。

大パノラマが眼前に広がっていた。

大渓谷《けいこく》。見渡す限り巨大な絶壁が広がっていて、そのふもとのほうにはコロラド河がかすんで見えた。

この大自然に素直に感動した。自然と涙が出てきて、鬱々とした気分が本当に一気に吹っ飛んだ。

「なんて、自分は小さいんだろう。この大自然の雄大さに近づきたい」

「もっともっと大きな気持ちだ。このグランド・キャニオンのような大きな気持ちに、なぜなれなかったのだろう」

そう己を反省し、その場で目標を立て直した。

「今年は2勝だった。来年8つ勝てばトータルで10勝だ。まず、10勝達成を目指そう」

大自然を前に僕は誓ったのだ。

帰国後は、トレーニングや、栄養学、心理学、解剖学《かいぼう》、運動生理学、メンタルトレーニングに関する本を買い込み、勉強と研究を始めた。ジムにも通って、当時珍しかったウエイトトレーニングも始め、正月も返上で練習に励《はげ》んだ。

自主トレ期間、キャンプ、オープン戦と、グランド・キャニオンの壮大な景色を思い出しながら、トレーニングに励み、コンディションの維持《いじ》に努めた。

15勝6敗。防御率2・17。投球回数は207回と2／3。

これが2年目に記録した数字だ。

最優秀防御率のタイトル、ゴールデングラブ賞、ベストナイン、そして最優秀投手と沢村賞という、ピッチャーにとって最高の賞を手にした。

僕はグランド・キャニオンでの誓いを達成したのだ。

シーズン当初、今年の目標を聞かれると僕は、

「8勝です。8勝」

と答え続けていた。

こだわって8勝を連呼していたのは、もちろん、あの日グランド・キャニオンに誓ったからだった。

そこから僕は大自然をイメージするようになった。自然に影響を受けるようになったのだ。

われわれ人間は、この地球で生きているのではない。生かされているのだ。その認識がとても大切。どんなに科学技術が発展したとしても、権力があっても、お金があっても、台風や地震といった天災は防げない。

自然に敬意を払い、自然を労《いたわ》り、自然に感謝する、自然とともに生きているという心構えがあると、自然さえも味方につけられる気がする。

だから、僕は自然について、忘れられない思い出がいくつもある。

濃紺の海

きれいな浜辺から、船に乗りどんどん沖に進んでいくと、しだいに水の青色が濃くなっていき、やがて、恐ろしいくらいきれいで吸い込まれそうな濃紺《のうこん》の世界が広がっていく。オーストラリアでもハワイでもグアムでも同じだ。そのブルーを見ていると湧《わ》き上がってくる思いがある。勝負への真摯《しんし》な感情、またリゾートとしては人生における愉《たの》しみ、そして自然や勝負事に対する畏怖《いふ》の思い。濃紺の海には様々なものがつまっている。

広島市民球場で見た満月

試合の大詰め。確かワンアウト二、三塁という大ピンチを迎えていた。キャッチャーからボールをもらって、ふと空を見上げたら、月が目に入った。

「すごくきれいだなぁ」と思った。サードを守っていた江藤智《えとうあきら》君がタイムをとって、マウンドに来てくれた。

僕は思わず言った。

「おい、江藤、月がきれいだなぁ」

さすがにその言葉を聞いた江藤君は言った。

「桑田さん、大丈夫ですか」

「何言ってるんだ、月を見てみろよ、満月だぞ」

と答えたら、江藤君は目を丸くしていた。

タイムが解け、キャッチャーのサインを覗《のぞ》き込む。

満月が背中の18番に光を降り注《そそ》いでくれる。

背中を意識してボールを投げアウトをとる。ピンチを脱し、勝利投手になった。

試合が終わってから、江藤君に、

「桑田さん、すごい余裕でしたね。あんなピンチで、満月がどうのこうのっていうピッチャーは初めてですよ」

とからかわれたのを覚えている。

雨上がりの光

雨上がりに新幹線に乗っていたり、車を運転したりしていると、空に虹がかかったり、雲の間から光が差し込んだりする。そうすると僕は、「あの光の下に行ってみたい！」「新幹線、あの下を走ってくれ！」と思ったりもした。現役の頃は、とにかく勝利を求めていたから、虹や太陽の光からエネルギーをもらえるかもしれないと考えていた。癒されるかもしれないとも。人間には絶対、手の届かない不思議な自然現象に惹《ひ》かれたのだ。

夜の東京湾

投球フォームに悩んでいた頃に、よく通った。
暗い中で波の音を聞いて、海を眺めて、自然を感じていた。
こうやって悩んでいるけれど、この海のように、もっと大きくならなくちゃダメだな、そう考えていた。

大自然をイメージすると、大自然の雄大さに近づけるようにがんばろうとする。自然はたくましいゆえに、謙虚さを学ぶこともできる。たとえ、どんなに権力をもっていようとも、自然と比べれば、たいしたことない。大事なのは自然に触《ふ》れる機会をもつことなんだ。こんな小さなことで悩んでどうするんだ？　大木に抱きつく。太陽を浴びる。森林を歩く。

そうすることで力が漲《みなぎ》ってくるのだ。

自然に勝るものはない。僕は大自然の力を信じている。今までの野球人生のなかで、数え切れないほど、自然の目に見えない力に助けられてきた。野球の神様を信じ努力してがんばっていれば、きっと目に見えない自然の力が背中を押してくれる。


引退して日本に戻り、講演や野球教室などで、日本国内を飛び回っていたときのことだ。新幹線や飛行機の窓から外を見ていたら、見慣れた景色なのに、なぜか僕は感動していた。21年間のプロ生活で何度も何度も通っているのに……。

日本の、自然の美しさ、壮大さに、改めて心を動かされたのだ。

山、川、海、田畑、雲、空、風、樹木。

日本の自然は、繊細《せんさい》で奥が深く、色彩がとても豊かだと感じた。世界中を見たわけではないから、偉そうなことは言えないけど、1年余り、アメリカに居たせいか、日本の自然の美しさに惹きつけられた。

日本には、はっきりとした四季があるから、こんなにも美しく自然が研《と》ぎ澄《す》まされているのだろう。

人間もそうだけれど、動物や植物も、この移りゆく時間、季節のなかで、一生懸命に生きている。

変幻自在《へんげんじざい》に形を変え、優雅《ゆうが》に大空に浮かんでいる雲、川や海の水は、黙々と、淡々と自由に流れている。山や月や星は、何を考えているのだろう……好き嫌いや、権力、何の執着《しゅうちゃく》もなく、あるがままの心境で堂々としていてすべてを悟っているかのようだ。

僕もこんな素晴らしい生き方をしてみたい。あるがままを受け入れ、何にもとらわれることなく、堂々と胸を張って、前に歩き続けていきたい。そして、少しでも自然の雄大さや深さに近づきたい。万里一空の境地を胸に秘め、日本の野球に携《たずさ》わっていきたい。

第11章 感謝

父親と公園でボール遊びをする桑田。野球の魅力を教えてくれたのは今は亡き父だった。

人間は
自分一人では何もできない。
だからこそ、周囲の人たちに
感謝をしつづけたい。

高校に通っている長男の試合を観《み》に行った。

息子がネクストバッターズサークルに足を踏み入れた瞬間から、胸がどきどきした。

僕は息子の年代のときには、ＰＬの野球部で目の前の試合に一心不乱《いっしんふらん》に取り組んでいただけだったが、長男の試合を観に行って、改めて気づいたことがある。

選手は、いろいろな人が汗をかいて支えてくれているからこそ、試合ができているということに。

一生懸命働いて、学校に行かせてくれている家族。

休日返上で指導している先生方。

ボランティアで審判を受け持ってくださる方。

マネージャーさんや、球場整備の方。

長男も、ちょっとでもいいから、周囲への感謝を忘れずに日々過ごしてもらいたい。

僕が指導している麻生《あさお》ジャイアンツの子どもたちにミーティングで話すことは、

「コツコツ努力しなさい」

「お父さん、お母さんに感謝しなさい。一生懸命働いて、ご飯を食べさせてくれて、学校にも行かせてくれてるんだぞ」

ということ。

僕たちが生まれ育った昭和の環境と、平成の今の子どもたちとの間には、確かに世代が違うことによるギャップがある。やはり僕たちの時代に比べると、今の子どもたちは精神的に弱い部分があるとも感じる。でも、だからといって甘やかしてもダメだし、子どもたちに好かれたいと思って振る舞ってもダメ。辛抱《しんぼう》強く、子どもたちと向き合っていくことが、何よりも自分の想《おも》いを子どもたちに伝えることになる。

また、努力と感謝の気持ちをもつことの大切さを子どもに教えたいと思えば、それが試合中であっても、練習中でも、いつでも話をする。

「失敗してもいい」「打てなくてもいい」と。

そういう子どもには、

「失敗しないように、打てるように練習すればいいじゃないか。これからいくらでも努力できるんだから、がんばろうよ」

と話すのだ。盗塁を決めた子どもには、

「いい盗塁だったけれど、バッターがスイングしてキャッチャーの投げるタイミングを遅らせてくれた協同作業で成功できたんだよね。ありがとうという感謝の気持ちをもつことが大切なんだよ」

と話す。そういう心のもち方が、子どもだけでなく、大人にも必要だと思うのだ。

こう考えるのは、やはり僕自身が両親と、いつも側《そば》にいてくれた姉弟に対して、心から感謝しているからなのだと思う。

「お父さんと別れたい」

僕が中学1年のとき、母が僕に話してきた。

けれど、僕はどうしても野球で身を立てて、家族を助けたいと本気で思っていたので、

「僕が一人前になったら必ず東京に呼ぶから、それまで我慢しいや」

と答えた。そして実際に僕がプロ野球に入ってすぐに両親は離婚。姉は大学に行っていたし、弟も大学に行くことになっていたのだが、二人の学費もプロになった僕には何とかできると思えた。だから、

「お母さん、もう離婚していいよ。もう大丈夫やから」

と伝え、母親との約束を果たすことができた。

父と母のことは二人にしかわからない。子どもとしては、仲良くしてくれていたらどんなに心が安らいだか。父親は、野球には自信があって、僕もなかなか敵《かな》わなかった。だから一日でも早く父親よりもうまくなりたいと思っていた。

僕は、母親に離婚の相談をされた日から、桑田家の父親役を果たさなければという気持ちでやってきた。

ただ、姉と弟に対して僕が感じているのは、

「僕が学校に行かせてあげた」

のではなく、

「姉と弟に恩返しをさせてもらった」

という気持ち。それが、僕の好きな言葉でもある「心の野球」にもつながる。僕はいつでも「させてもらった」と思うように意識をしている。人間だから、どうしても「こうしてあげたのに」と思ってしまうし、人からしてもらったことを忘れてしまいがち。でも、僕は「してあげた」とは決して思わない、「させていただいた」と思う、そういう心を大事に生きていきたいと思っている。

そうすることによって、ときには他人から見ればつらいかもしれない経験でも、辛抱することで人間として大きくなっていくと信じている。

離婚したことで離れ離れになった父親だけれど、やっぱり自分にとっては世界でただ一人の父親。両親がいなければ僕は存在していないわけだから、父親にも母親にも、心から感謝をしている。

幼い頃のことで忘れられないエピソードがある。中学生の頃、だいたい、日曜日には野球の大会や練習試合があり、午前9時開始がほとんどだった。僕のチームは、僕が投げて抑《おさ》えて、みんなで打ってコールド勝ちであっと言う間に試合を終わらせてしまうから、昼前には家に帰る。すると、母親が、

「お寿司《すし》を食べに行こう」

と近所のお店に連れていってくれた。母親は、僕に、

「好きなだけ食べなさい」

と言ってくれるので、トロ、エビ、ウナギと順番に食べ続けて、

「お腹《なか》いっぱいや」

と満足して帰宅する。

でも、なぜか母親や、たまに一緒に来る姉はお寿司を食べないのだ。

あるとき不思議に思った僕は、

「お姉ちゃん、女の人って食べないんだな」

と聞いたところ、

「あたしだって食べたいよ。でもそんなお金の余裕はないんだから」

と言われて、子ども心にも本当に驚いた。そのことは今でも忘れられない。

高校のときも僕と弟は、肉なら焼肉でもステーキでも、それこそ二人で1キロはペロリと食べていた。最近、聞いた姉の話によると、1キロではなく、3キロだったということだが、どちらにせよ母と姉は自分たちが食べる余裕はなかったから、ずっと我慢していたのだ。

だから僕は、母親と姉に対しては、一生かかってもこの恩は返せないな、と思っている。

また、小学生時代には家族みんなで内職《ないしょく》をしていたことも記憶に残っている。母親はアルバイトもしていたのだけれど、冬場は家に帰ってから、モチ米を袋に詰め替える内職をやっていた。母親と姉が計量して弟が袋に詰める。それを僕が、

「あい、一丁あがり、あい、一丁あがり」

と言いながら、ガチャンと留めていった。夏場には、紙などを束ねるクリップを天秤《てんびん》で計量しながら箱詰めしていく作業を、夜になると母親と姉弟三人でずっとやっていた。いま思えばそれは貧しかったからなのだけれど、勉強をやらなくていい理由になったし、家族で会話をしながらだったので、僕にとっては楽しい作業だった。

そんな貧しいなかで、お腹いっぱい食べさせてもらっていたし、小学生のときから野球をやらせてもらったことを、僕はとても感謝している。野球クラブの月謝は高いし、お金持ちの子も周りにいたから、母親は大変だったと思う。

ちなみに、僕の「真澄」という名前は父親が付けた。

三人兄弟で、1歳上の姉は「美樹緒《みきお》」、2歳下の弟は「泉」という名前。小学校のとき、僕は、

「女の子みたいな名前だ」

とよくからかわれていた。僕もその頃は相当なやんちゃだったので、何を！とばかり、口で言う前に手が出ていた。とにかく喧嘩《けんか》っぱやくて、「行ってきます」と家を出たと思ったら、1時間目が始まる前にトラブルを起こして、父親か母親のどちらかが学校に来て、頭を下げているようなときもあった。

あの頃、小学生ではドッジボールが流行《はや》っていた。僕は少しでも早くやりたかったので、誰よりも早く学校に行って、朝礼の前にグラウンドに線を引いて、自分の陣地《じんち》を確保する。そのときの僕は、歩数をキッチリ数えて、まっすぐ、きれいなラインを引いていた。そして、友達が来るのを待って、

「おい、やるぞ」

となる。ところが、あとから上級生がやってきて、僕が引いた線を消すようにして自分たちの線を引き始める。そんなときは、河内《かわち》の言葉が全開だ！

「なんや、われぇ、オレが先にとってるやないけ」

「なんや、このくそガキがぁ」

「なんやねん」

「なんや、われぇ」

結局は、喧嘩。朝から先生に呼び出された母親を目の前に、僕は必死で訴《うった》えた。

「おかん、違うんや、アイツが、オレの陣地を横取りしよったん悪い奴やねん」

先輩や後輩なんて関係なかった。

僕は、そういうずるいことが許《ゆる》せなかったから年上ともしょっちゅう喧嘩をしていた。僕のなかでは正義感にもとづく喧嘩だったから、罪悪感はまったくなかった。

母親は家族のために精一杯、がんばっている姿が印象的だった。振り返ってみると、僕の精神力の基本となっているのは母親の教育だと思う。

夏休みは、朝のラジオ体操を必ず6時半からやらされて、朝昼晩の食事とおやつの時間は、毎日、キッチリ決められていた。それに加えて昼寝の時間も、正座《せいざ》の時間もあった。姉の美樹緒と弟の泉は、大人しく正座していたけれど、僕は内心、くそーっと思いながら、イヤイヤやっていた。だから、少しでも動こうものなら、1メートルの物差しでバチーンとやられてしまう。昼寝にしても、30分寝なさいと言われても、外で遊びたくてしょうがない時期だから、眠ろうにも眠れない。隣《となり》では姉が爆睡《ばくすい》、弟は寝たふり。仕方ないから僕も目だけはつぶって我慢していた。もう30分経《た》ったかなと思うと、まだ5分しか経っていなかったり……とにかく、しつけに対してはとことん厳しい母親だった。食事でも出されたものを全部食べないと席を立たせてもらえなかった。だから僕は、母親が台所に行っている隙《すき》に、

「お姉ちゃん、食べてぇや」

と、嫌いなブロッコリーやカリフラワー、セロリを姉に食べさせようとしていた。すると姉も、

「アンタ、ちゃんと食べなさい」

と怒るので、今度は弟に、

「泉、1個食べてぇや」

と、無理に食べさせたり。ひどい兄だった。

以前、松坂大輔《まつざかだいすけ》君（現・レッドソックス）とニューヨークで食事をしたとき、お互いの弟の話になったことがあった。大輔君にも3歳年下の弟がいて、高校、大学、独立リーグなどで野球をしていた。大輔君は今でも弟とは頻繁《ひんぱん》に連絡を取り合っていると話していたけれど、僕はそれを聞いてなぜかホッとした。おそらく、僕と同じような難しさを抱えながら、それでもいい関係を築いていることに安心したのだ。僕や大輔君の弟は、僕たちには絶対にわからない苦労をたくさんしてきていると思う。僕の弟の泉は、僕が高校3年生のとき、1年生として同じPL学園に入学してきた。そのときから、泉は大変な思いをたくさんしていたはず。それでも泉は、立浪和義《たつなみかずよし》君（元・中日ドラゴンズ）や片岡篤史《かたおかあつし》君（元・阪神タイガース）、橋本清君（元・読売巨人軍）、野村弘樹君（現・横浜ベイスターズ投手コーチ）たちと一緒に、春夏の甲子園連覇《れんぱ》を果たしたメンバーの一人としてがんばった。青山学院大学で野球を続け、卒業後はプロゴルファーになっている。

大輔君にも、そのとき話したが、僕たちは、弟のフォローをしていかなければならない兄貴だと思う。それは、同じように野球を志《こころざ》してきた弟たちに、余計なプレッシャーを与えてしまった兄貴だったから。もちろん、よかったこともあったかもしれないけれど、それでも、僕たちのように何も背負わない状況で、野球に集中できたとは思えない。

「この人しかいない」

そう感じて、1991年の12月に真紀《まき》と結婚した。

知り合ったのは、結婚の4年ほど前。それまでは年に2、3回程度《ていど》しか会わないような友人だった。いろいろな女性と付き合ってきたけれど、最後に支えになってくれたのが、彼女だった。当初は、付き合っていた別の女性の写真を見せたり、他愛もない話をするような仲だった。そんな僕をずっと応援してくれたし、ずっと待ってくれてもいたのだ。

あの頃、僕は騙《だま》されて、自宅も人手に渡り、財産もスッカラカン。スキャンダルで人間不信に陥《おちい》っていた頃だった。

正式に結婚を申し込んだのは、自宅や不動産を処分して、莫大《ばくだい》な借金の返済計画を立てている頃だった。本人は結婚を了承《りょうしょう》してくれたものの、彼女の両親がどう受け止めるか、それが心配だった。

「仮に君が順風満帆《じゅんぷうまんぱん》に来ていれば、大変な財産を作っていただろうとも考えられる。そういう財産があるところに、うちの娘をやるよりも、こういうつらいときにやるほうがかえっていいと思う。そりゃ、心配ではあるけれど、何かあれば私も力になるから、二人で力を合わせてがんばりなさい」

真紀のお父さんの言葉だ。

いま思い出しても、涙が出そうだ。
ありがたい、真紀と一緒にがんばっていこうと決意した。
あれから十数年、彼女は、手術のあとや記録を作ったとき、誕生日など、僕の節目には
いつも手紙を書いてくれる。今までにもらった手紙のなかで、もっとも印象《いんしょう》的だったのは、
右肘《ひじ》の手術から復帰したときのもの。僕はそれまで滅多《めった》に泣くことはなかったが、あのと
きばかりは東京ドームに向かう車中で、涙をこらえることができなかった。

「今まであったいろんな顔を覚えています。
手術の後の顔、リハビリを頑張っていたときの顔、中傷的な記事を書かれてしまったと
きの顔。どのときもパパはいい顔をしていましたね。その顔を私は忘れません。これから
どんなつらいことがあっても、乗り越えていけると思います。今日、いよいよ投げるんで
すね。今まで応援してくれたファンのみなさんにお礼の気持ちを込めて、一生懸命プレー
してください」

息子二人も、僕の誕生日には必ず手紙を書いてくれるから、僕は幸せ者だと思う。家族
からもらった手紙は、そのすべてに思い出が詰まっているから、僕にとっては大事な宝物。

すべて自宅の金庫のなかにしまってある。

僕も真紀にプレゼントを渡すときにはちょっとしたメッセージを書いている。父から手紙が来たときも返事を出すようにしていた。メールで用件が済んでしまう時代だからこそ、手紙をしたためて気持ちを伝えるということが大事なのだと思う。少し前、僕が生前の父に手紙を書いていたら、真紀が覗《のぞ》き込んできたことがあった。僕は気にせず、そのまま書き続けていたのだが、ふと気づいたら、真紀が隣でワンワン泣き出した。僕が「どうしたの？」と聞いたら、どうやら手紙のなかに、妻の琴線《きんせん》に触《ふ》れる部分があったらしいのだ。さすがにビックリしたが、僕は真紀のそういう素直なところに惹《ひ》かれたのかもしれない。


「ありがとう」

現役時代は恥ずかしくて、とても公《おおやけ》に言えなかったのだが、僕は高校からメジャーまで、一球一球、すべてのボールに感謝の気持ちをもち続けていた。本当に、一球ごとに「ありがとう」と言っていた。

「ありがとう」という言葉は「有り難う」と書く。

「難」が「有る」から「有り難う」。

難があって、努力で克服《こくふく》したときに、初めて感謝の気持ちが生まれる。そういう気持ちを持ち続けて、自分で磨《みが》いていくということが、僕の哲学。

　もし僕が「おりゃあ、打ってみろ」と傲慢《ごうまん》な気持ちで投げていたら、絶対、甲子園に5回も出場できていないと思うし、甲子園での20勝という記録にも到底、たどり着けなかった。努力し続けて、野球に、家族に、ファンの皆様に、感謝し続けたからこそ、神様がご褒美《ほうび》を与えてくれたのだと思っている。

試合前、イチロー（マリナーズ）と握手する桑田。

第12章 桑田流プロフェッショナルの定義

野球選手であろうと、
サラリーマンであろうと、
大工さんであろうと、
一人ひとりに役割がある。
その役割を全うする、
仕事を通して自分を磨いていくのが
プロフェッショナル。

僕は、野球の世界で数多くのプロフェッショナルに出会ってきた。ピッチャーにしても野手にしてもそうであるし、監督やコーチ、チームのスタッフ、グラウンドキーパーや審判、連盟や球団で仕事をされている方々、球場の関係者やメディアの関係者など、プロ野球の世界に関《かか》わる人たちはたくさんいる。そういうなかでプロフェッショナルだと思える方々は皆、意識を高くもち、自分らしく仕事をしている。

歌手のコンサートに行くと、メインの光が当たる歌手はもちろん、舞台を設営する人、照明の人など、それぞれがプロフェッショナルに徹《てつ》して自分の仕事をしているように思う。仕事に徹することで自然と光り輝けるのがプロフェッショナルだとわかる。

この本は、現役のプロ選手、またはプロを本気で目指している選手にも読んでもらいたいと思っている。

そのために、この章ではプロフェッショナルとしての、主にグラウンド外での節制や心構え、僕の野球ＤＮＡを形成したものを紹介していきたい。

【イチロー選手】

イチロー君は、これから50年経《た》っても、アメリカで名前が記憶されている日本人選手だと思う。それだけ彼が残している功績は大きい。日本の野球をそのままアメリカにもち込み、そして、結果を出し続けているのだから、素晴らしい。

彼こそまさにプロフェッショナルのなかのプロフェッショナル。試合や練習で外野の守備位置につくとき、トボトボと歩いていく姿を見たことがない。常に快調走。それに試合にベストの状態で臨《のぞ》むために、自分ができる準備は徹底《てってい》的に行っている。いつも入念なストレッチを欠かさず、怪我《けが》の防止にも人一倍気を遣《つか》っているし、練習している姿を見ても、時間をムダにしていないことがよくわかる。

2007年6月21日、シアトルで行われた対マリナーズ戦で、僕は公式戦で初めてイチロー君と対戦することができた。あのマッチアップは、僕がメジャーでプレーしたなかでも最高の思い出になった。

試合前、マリナーズのバッティングケージの横でイチロー君が待っていてくれた。彼は右手を差し出し、深々と頭を下げてくれた。日本では僕が先輩だが、メジャーでは彼は押しも押されもせぬスーパースターで、僕の先輩。それでも僕に対して敬意を表してくれたことに、とても驚かされた。試合前の野手が忙《いそが》しいことは承知しているし、律儀《りちぎ》にわざわざ気を遣ってくれたことに、感謝の気持ちでいっぱいになった。

【ウエイトトレーニング】

ウエイトトレーニングには、高校の終わり頃に取り組み始めた。最初は、下半身のメニューに限っていたが、プロに入ってからは本格的に始めて、10年間全身をみっちりやった。でも、その後は徐々に減《へ》らしていき、肘《ひじ》の手術をしてからはあまりやらなくなった。それは、ウエイトによってついた筋肉が必ずしも野球をする手助けになってくれるものばかりではないということがわかったからだ。

ウエイトをすることによって、筋肉がつき、見た目にはよくなる。鏡の前に立つと自分で惚《ほ》れ惚《ぼ》れしてしまうかもしれない。でも、外見よりも自分の身体《からだ》の動きをいかにコントロールできるかが大切なのだ。

これは、好きな俳優、ジャッキー・チェンも言っていた。

「マシンを使ったウエイトトレーニングよりも、自分の身体全体を使ったトレーニングの方が効果的だと思う。子どもの頃によく逆立ちをしたものだけど、ああいうトレーニングが一番いいんだ」

僕の場合は、最後の何年間かは、重心のバランスに気をつけながら、自分の体重を利用したトレーニングがベストだという結論に達し、体幹《たいかん》のトレーニングを主体にした。それは現役を退《しりぞ》いた今も続けている。

【ウォーミングアップ】

ウォーミングアップは心臓から遠いところを最初に動かし、徐々に身体を温めていく。しかも、身体のすべての部位で円の動きを意識しながら、丁寧《ていねい》にほぐしていく。キャッチボール、マウンドからのピッチング、そして内野ノックも、すべて円の動きとリズムを意識して行う。とくに、内野ノックはビデオにおさめて、動きをあとからチェックする。リズム感、身体の捌《さば》き方、肘や膝《ひざ》が円を描くように動いているか、そういうものを確認する。人は必ず一年に一つずつ歳《とし》をとるし、30歳を過ぎれば普通は維持《いじ》するだけで精一杯だと思う。でも、年を追うごとに少しずつ考え方を変えて、フォームや野球に対する姿勢も変えて、その年齢なりの身体の使い方をすれば、維持するだけでなく、もっとうまく力を出せるのだ。

【UNICO】

僕が好きなVega Sicilia Unico（ベガ・シシリア・ウニコ）というワインがある。スペインでもっとも高級で偉大なワインといわれている。カシスのジャムや、ブラックベリーを濃縮したような色合いと香りが特徴の味わい深いワインだ。

ウニコという言葉も好きだ。スペイン語で「唯一《ゆいいつ》の」という意味。唯一というのはすてきな言葉だと思う。

人は一人ひとりが貴重《きちよう》で価値がある存在なのだ。それを強く感じたのがメジャーリーグでの日々だった。

日本では、メジャーの野球は素晴らしいといわれている。僕もそう思っていた。実際に観《み》て、触れてみると、体格の違い、体力の違いを感じる。投手はものすごい変化球を投げるし、バッターにしても身体に近いポイントでもボールを遠くまでもっていく、そのパワーは桁《けた》違いだった。それでも、彼らは彼ら、僕は僕だと思う。アメリカ人、ドミニカ人、キューバ人がどんなにすごくても、僕は日本人の桑田真澄なんだ。世界中に僕と同じ選手は一人もいない僕は唯一無二《ゆいいつむに》の存在なのだということを、広大なアメリカで感じることができた。世界で一人だけの、貴重な存在。だからこそ、比較《ひかく》せずに自分の色を出すことが大切。そのことに気づけただけでも僕のメジャー挑戦という修行の成果はあったと思っている。

【映画】

時間があると映画を観ることが多い。そのなかでも、主人公が這《は》い上がっていく姿が描かれている物語に共感を覚える。

なかでも、「ロッキー」シリーズとジャッキー・チェンが好きだった。

僕が子どもの頃は、ブルース・リーの映画も好きだったけれど、ジャッキー・チェンにより惹《ひ》かれた。もともとは、酔拳《すいけん》や蛇拳《じゃけん》、笑拳《しょうけん》など、ジャッキー・チェンが映画で駆使《くし》するいろんな拳法《けんぽう》を友達に試してみたりするのが楽しくて仕方なかったのだ。そして、そのうち映画の主人公が強くなっていくプロセスに魅力を感じるようになった。

ジャッキー・チェン扮《ふん》する主人公はまず、弱かったり貧乏だったりするところから入る。そこから努力して、強くなって、強い相手と戦って、最後は勝つ。とてもシンプルだが、そんな展開に惹きつけられた。

「ロッキー」シリーズは、どの作品を観ても今でも泣いてしまう。僕が何十億円という借金を背負ってしまったとき、ちょうど『ロッキー5』を観たら、彼も借金で家を手放《てばな》さなければならなくなっていた。なんとリアルなストーリーなのかと思った。

その時期、僕は球場に行く車のなかで、いつもロッキーの曲ばかり聴いていた。同時に、ドクターから「お前はもうダメだ」と言われてしまうようなところから復活してくるロッキーにも、怪我をしていた自分を重ねていた。そんな場面がいくつもあるので、「ロッキー」は忘れられない。

先日も、息子が自宅のテレビでロッキーを観ていた。いつの間にか僕も夢中になっていて、ついつい涙目になってしまっていた。僕が観ていたことに気づかなかった息子は、気配を感じたのかふと振り返ってみたら父親が目を真っ赤《まか》にしていたので、いったい何事かとギョッとしていた。

俳優ではアル・パチーノが好きだ。彼の映画には心がある。『セント・オブ・ウーマン』を観たら、ゾクゾクする。『ゴッドファーザー』も（マフィアだが!!）家族の絆《きずな》が表現されているから好き。絆とか、愛情とか目に見えないものを大事にしたいと、これらの映画を観るたびに思う。

【英語】

1年生で甲子園優勝を果たした夏の大会後に、僕は全日本代表に選出された。海外に行ったことがなかった僕はあわててパスポートを取得し、渡米することになった。

アメリカではメジャーの試合を観たり、マッシー村上さんに握手してもらったり、楽しい思い出ばかりだ。

なかでも、ホームステイ先で自分の単語を並べただけの英語が伝わったのがとてもうれしかったことを覚えている。僕はそれまで以上に英語の勉強に力を入れるようになった。

プロに入ってからも、毎日辞書をもち歩いて勉強したし、外国人選手とも積極的に交流をはかった。そのおかげでメジャーに挑戦するときに代理人を立てず、完璧《かんぺき》ではなかったけれど、球団と英語で直接交渉するのに役立った。

【遠征時の時間の使い方】

人生は死ぬまで勉強だ。節制と勉強は一生続けていきたい。

野球選手で言うならば、次の三つの勉強はできるはずなんだ。

①読書

②語学

③トレーニング法などのスポーツ医科学

実は野球選手には、思いのほか時間がある。練習や試合以外の時間の過ごし方が、野球でのパフォーマンスにも大きく影響してくると僕は考えている。

麻雀《マージャン》、テレビゲーム、パチンコなどで余暇《よか》の時間を過ごすのもいいだろう。しかし、遠征が3日間あったら1日は美術館に行ったり、博物館や図書館に出かけて芸術や文化に触《ふ》れてみるとよいだろう。また、チーム内には外国人選手がいるのだから英語やスペイン語、韓国語などで話しかけてみたり、単語の一つも覚えたりすることがチームプレー、チームワークにつながっていくと思う。

新幹線のなかでも文学に触れてみることが大事。僕は、野球選手はもっと本を読むべきだと思う。マンガや写真週刊誌もかまわないけれど、それだけではなくて、いろんなジャンルの活字を読まなきゃダメだと思う。難しいことは考えずに、ただ読む。そして情景を思い浮かべることにより、感受性を豊かにするのだ。

僕は鴨長明《かものちょうめい》や夏目漱石などから始まって、いろいろな本を手にしてきた。『竹取物語』などの古典文学や般若心経《はんにゃしんぎょう》は、独特のリズム感を知ることができる。

僕らの仕事は、ただ球場でプレーすればいいわけではない。地域の小学校を訪問したり、マスコミのインタビューに答えたり、スポンサードしてくれる企業の方々と話をしたりする。そこで必要になってくるのが、言葉の表現力や対話する力。そのためには語彙《ごい》を増やすべく、本を読み、そして自分の意思を伝えるための適切な表現が浮かぶように日ごろから訓練《くんれん》しておいたほうがいい。

僕は日ごろから電子辞書をもち歩いている。わからない言葉が出てきたら面倒くさがらずにすぐ調べる。そして、意味を理解する。そうやって学ぶことは楽しい。

【クールダウン】

肩を冷やす。

僕は海外の翻訳《ほんやく》本からアイシングの知識を得た。今でこそ当たり前だけれど、当時は「肩を冷やすなんてバカな真似《まね》を」と言われたから、隠《かく》れて冷やしていた。水泳なんてもってのほかだった。

ところが今はどうだろう？　投手は投げ終わったら、タオルで巻いた氷を肩に巻いて、冷却《れいきゃく》しているし、プールでトレーニングやクールダウンするのだから時代が変わったものだ。

つまり、本当に正しいことなんて誰にもわからない。なんでも自分でやってみないとわからないということだ。アイシングをするたびにそう思う。

【言葉遣い】

言葉遣《づか》いも大事だ。たとえば、僕は「メシを食う」という言い方に抵抗がある。人として「食う」じゃなくて、食事をさせていただく、という心境になりたいといつも思っている。だから僕は、若い頃から、「メシ、食いに行こう」とは言わないで、必ず「食事に行こうか」「何か食べに行こうか」と話している。

プロ野球選手は一歩外に出たらみんなに注目されているから、様々な場面で知らないうちに、自分でも驚くぐらい会話を聞かれている。そうしたときに、きれいな言葉で丁寧に話すことを心がけるのは、本当に大事なことだと思っている。

社会全体から見ると、スポーツ選手は何だか軽いイメージで見られている気がする。たくさんの人に知られているという〝アイドル性〟ではなくて、もう少し人間として尊敬されるような選手像を作り上げたいと思っている。


【古武術】


現役時代は、野球以外のスポーツ、とくに武術に興味があり、空手を習ったり、柔道を観に行ったこともあった。何か野球に活かせることはないかと、研究を重ねた。

一番の大きな出会いは、古武術の甲野《こうの》善紀《よしのり》先生であった。先生の稽古《けいこ》を受けるようになって、ようやく、こうすれば野球に活かせるんじゃないかということが見え始めた。武術は自分の身体だけを使うから、身体が動かなかったらどうしようもない。僕が武術をやっていたのは、いかに自分の身体を思うように動かせるか、その極意《ごくい》をつかむためであり、もちろん、すべてが野球のためだった。

【3という数字】

野球というのは、3という数字が鍵《かぎ》になる。ペナントレースは3連戦が組まれ、三振、スリーアウト、スリーボール。また、9回で行われ、9人でプレーするなど3で割り切れる数字もよく出てくる。

また、僕は配球も3種類に分けていた。カウント球、見せ球、勝負球。この三つは強く意識して投球モーションに入らないと、とても曖昧《あいまい》なボールを投げることになる。サインを見て、軽い気持ちでスーッと投げ込むと必ず痛打《つうだ》されるものだ。

【審判】

審判にはそれぞれ癖《くせ》がある。低めのゾーンに甘い人、外側が広い人。その審判にあわせていくのも優《すぐ》れたピッチャーの条件だ。また、両サイド低めにストライクゾーンを広げていくというのも技術の一つ。ボールとコールされても、次にボール1個分ずらすだけでストライクと言ってくれることもある。次も同じところへ投げてストライクと言われたら、不思議なもので両サイドが少しずつ広がっていくのだ。人間には錯覚《さっかく》がある。だからこそ、より正確なはずのコンピューターに判定を託《たく》すのではなく、審判とともにやる野球が面白いんだ。

【節制】

僕が巨人に入った頃は本当に喫煙者《きつえんしゃ》が多かった。

試合が終わって帰りのバスに乗り込むと、車内がグレーの霧《きり》で覆《おお》われていたものだし、ロッカールームも同様だった。

ある外国人選手が入団したときのことだ。初めてロッカールームに足を踏み入れた途端《とたん》に彼は叫んだ。

「火事だ！　消火器もってこい！」

本当にそれくらいモクモクと煙《けむり》で部屋が覆われていた。

当時は分煙《ぶんえん》という考え方がなく、吸わない人も同じバスに乗り、同じロッカールームを使っていた。僕にはこれが不満だった。

「バスもロッカールームも別々にしてほしい」

と訴《うった》えた。フロントからは、

「別々にしたら、その部屋もバスも桑田一人になるな」

と嫌味《いやみ》を言われたり、球界のある大先輩から、

「お前は何を偉そうに禁煙の話なんかしてるんだ」

などと面と向かって言われたこともある。

けれど僕は断固ひるまなかった。20歳の若造だった僕が、

「禁煙じゃなくて分煙です。プロの野球選手として体調管理は当然のこと。タバコを吸いたくないのに煙を吸わされるなんておかしいじゃないですか」

と言い張っていたのだから、生意気だといわれても仕方なかったかもしれない。でも、吸いたい人の吸う権利を奪おうとしていたのではない。勝手に吸ってもらっていい。ただ、僕が訴えていたのは、タバコの副流煙《ふくりゅうえん》のこと。喫煙する人が直接、吸い込む主流煙よりも、火のついた部分から立ち昇る副流煙のほうがニコチンやタールなどの有害物質が多いことが実証されている。それに副流煙は目や鼻を刺激する。実害さえなければ、どうぞ吸ってください、と言えるけれど、実害があったから僕は頑《がん》として譲《ゆず》れなかった。

喫煙の権利がある代わりに、吸わない人の権利もあるから、そこを考えてください、と訴え続け、ようやく球団も動いてくれた。1台だった移動のバスは、2台になって1台は禁煙になり分煙化された。また、ロッカールームは禁煙、食堂は喫煙と分けられた。春先のキャンプでは禁煙ルームを設置できないから全面禁煙になった。

僕は吸うな、と言っているわけではない。一日2箱吸っていた人が一日1箱に減らした

ら、それも節制。お酒も同様で、いつも5杯の人が3杯に減らしたら、節制であって、決してゼロにすることが節制ではない。

僕もそうだった時期があるのだけれど、現役選手はいつまでも現役を続けられるという錯覚を起こしてしまう。当然それは間違いだ。現在、プロ野球選手の平均引退年齢は28～29歳くらい。そうなると一般社会の定年まであと30年以上も残されている。

僕はプロ野球界の後輩には、なるべく長くプレーしてもらいたいと思っている。そのためにはやはり節制することが大切だ。

不摂生《ふせっせい》ながら、すごい成績を残して引退したとしても、必ず後悔すると思う。もし節制していたら、あと3年はできたかもしれないと。

僕らは肉体労働者だから、分別《ふんべつ》をもって自分で判断し、節制するということが大事なのではないだろうか。

【世界平和】

「桑田君は世界平和のために投げなさい」

高校1年の夏の甲子園大会の前のことだ。ＰＬの先生に、そう言われた。でも、15歳になったばかりの僕は、いきなり世界平和のためにと言われても、何のことだかさっぱりわからない。正直、僕にどうしろって言うんだよ、と思った。それが1年生の夏、清原君とともに甲子園のグラウンドに立ち、全国優勝を果たしたとき、僕たちは全国各地の方々からたくさんの手紙をいただいた。

そこには、「あなたががんばっている姿を見て自殺を思いとどまることができた」「1年生でがんばる姿を見て、自分もがんばろうと思った」と書かれていて、僕のプレーによって悩みから救われた人がこんなにもたくさんいたのか、ということを知ることができた。そのとき、「世界平和のために投げなさい」という言葉を思い出した。それまで意味がまったくわからなかったのが、世界平和のために、とはそういうことだったのかもしれない、と初めて納得《なっとく》できたのだ。

多くのファンが見ている甲子園で活躍できれば、多くの人が何かを感じてくれる。最《さい》たるものは、勇気、そして感動。それが活力になりうるわけだから、大げさに聞こえるかもしれないが、微力ながらも世界平和にも通じていく。

その教えは、メジャーに行ってからの僕にも活《い》かされた。これは、どの球団でも同じことだと思うのだが、僕が入ったピッツバーグ・パイレーツでも、遠征に出ると、だいたい白人、黒人、ラテン系と、ロッカーの位置が人種で分けられる。僕はクラブハウス・マネージャーに話をして、たとえばシアトルやサンフランシスコの遠征では白人のところに、アトランタやフェニックスのときには黒人のところに、ニューヨークやアナハイムではラテンアメリカ人のところに入れてもらったりしていた。でも、前の遠征では白人のエリアにいたのに、次の遠征地で黒人のところにいると、白人の選手が冗談まじりに「お前は裏切り者だな」みたいなことを言ってくる。それでも僕は、白人、黒人、ラテンアメリカ人の選手と満遍《まんべん》なく付き合っていた。

僕のなかには、「スポーツ」「音楽」「言語」の三つは、世界平和の実現のためにとても大事なものだという考えがある。

野球ができれば、キューバ人だろうが、イタリア人だろうが、アメリカ人だろうが、韓国人だろうが、人種に関係なく、彼らとコミュニケーションをとることができる。

ピアノが弾《ひ》けたら、ドイツ人だろうが、フランス人だろうが、ピアノにまつわる音楽についての会話をかわすことができる。

そして、たとえばスペイン語を話せるのであれば、スペイン人やメキシコ人などと、コミュニケーションをとることができる。そうしてお互いに理解し合うことが、世界平和につながるはずなのだ。

【選択と決断】

進路に思い悩むこともあると思う。

そんなときは、よくよく考えることも大事だが、直感的（次項で触れる〝第一感〟のこと）に心が選ぶ行き先に従うのもいい気がする。いろいろ考えすぎて、心の声に反応できないのが一番よくないのではないだろうか。

僕は巨人を退団し、メジャーリーグへの挑戦を決意した。

僕の目の前には三つの選択肢があった。

僕にオファーをくれたのは、チームカラーが青のロサンゼルス・ドジャース、赤のボストン・レッドソックス、黄色のピッツバーグ・パイレーツの３球団。

「真っ青」な空がいいのかなと思うときもあるし、ほとばしるような「情熱的な赤」も魅力的だし、鮮やかな「黄色い花」にも惹かれた。

金額を見たら赤のオファーがぬきん出ていたし、人とのつながりを考えたら青だった。ドジャースのチームドクターは僕の右肘の手術をしてくれたジョーブ博士で、ジャイアンツをやめることになったとき、真っ先に僕に声をかけてくれた球団でもあり、そもそも、ドジャースにはずっと惹かれていた。そうやって考えていけば、普通、真っ先に外すのは黄色のはず。

でも、自分の心に、赤、青、黄を思い浮かべて問いかけると、不思議なことに何度も何度も黄色が浮かび上がってくる。

「金額的にも一番低いし、縁《えん》もゆかりもない土地だぞ」

これでいいのか、本当にいいのかと何日も考えて、改めて自分の心に「どこへ行きたいのか」と問い質《ただ》すと、答えは決まって黄色になった。

そもそも、僕はパイレーツの「P」に縁がある。

英和辞典を開いて、Pの項目ばかりをつい、読み耽《ふけ》ってしまったことさえある。

頭文字にPのつく単語をずっと追っていくと、いい言葉がたくさんある。

僕の好きなワインのひとつであるニュージーランドの「プロヴィダンス」。趣味は「ピアノ」。「プロフェッショナル」な「ピッチャー」として「プレーボール」がかかったら「パーフェクトゲーム」を目指してきた。高校は「PL学園」で、世界の「ピース（平和）」のために投げてきて……となると、最後は「ピッツバーグ・パイレーツ」なのかなと……もちろん、それだけで最終的な決断を下したわけではなかったけれど。

ときには3枚の紙にそれぞれの球団名を書き込んで、目をつぶって1枚を選んでみるという、子どもじみたこともしてみた。それが、3回とも同じ答えが出たから、正直、驚いた。

もしレッドソックスに行けば、長年オーストラリアで一緒に自主トレをしてきたジャイアンツの後輩、岡島秀樹《おかじまひでき》君もいるし、僕と同じチームで戦いたいと言ってくれていた松坂大輔君もいたから、僕にとっても刺激になるし、楽しい毎日を送ることができたかもしれない。

もしドジャースだったら、ロサンゼルスの周辺には友達がたくさんいるし、チームは日本語の通訳もトレーナーも雇《やと》ってくれる。契約交渉も日本語だけで可能だったと思うし、アメリカで暮らすストレスはずいぶん少なかったはず。

けれど、僕は結果的にパイレーツを選択した。自らの心に問いかけたときに再三浮かび上がってきた球団を素直に選択したのだ。

僕が契約したとき、パイレーツはナショナル・リーグの中地区で14年も続けて勝率5割を割っていた。でも、だからこそ僕が行く価値があるのではないかと思った。「海賊《かいぞく》（パイレーツ）」というのは僕のイメージじゃないと正直思ったけれど、パイレーツに行く自分をイメージすると、無性《むしょう》にやる気が漲《みなぎ》ってきた。

理由はいろいろあった。GMやコーチ、球団の人と直接メールのやりとりをしていて、些細《ささい》な言葉のなかにいろいろと感じることも多く、何より、僕はメジャーで投げるために行くんだから投げる機会がより多いことも重要だったのだ。

強ければいいというものではない。一緒に戦うスタッフやフロントなどすべてをひっくるめて考えるのが決断には欠かせないのではないだろうか。

人生における決断の方法は人それぞれだ。

自分が信頼している人の意見を忠実に聞く人もいれば、ギャンブル的に命運をかける人もいる。時の流れに身をゆだねる人もいれば、金銭面を判断基準にする場合もある。

われわれは日々、選択と決断を強《し》いられている。それが人生のすべてとさえ言える。

あらゆるシーンでの選択と決断をするためには、経験から生まれた自分ならではの判断基準、指針をもっていなければならないし、胸を張って決断しなければ後悔ばかりになってしまう。

僕の場合、それはやはり自分の「心」と「身体」の声を聞くということ。それができるように、日々心を研《と》ぎ澄《す》まし、自信をもって決断できるようにしておきたいものだ。

【先発ピッチャー】

先発ピッチャーというのは、ゲームを作る責任を担っている。

ゲームというのは何が起こるかわからない。一シーズンを戦っていけば、いろんなことがある。1―0の試合もあれば、10―9の試合もある。

初回にいきなり2、3点取られても、2回から7回までをゼロに抑《おさ》える試合もあれば、7回までゼロに抑えていても8回に一挙に大量失点してしまうゲームもある。

そういうゲームのなかで、先発ピッチャーはただゼロに抑えるピッチングを目指すのではなく、思わぬことが起こっても試合を壊《こわ》さないような「ゲーマー」でなければならない。僕はいつも一試合、一シーズンをトータルで考える「ゲーマー」になりたいと考えていた。

その日の天気、相手チームの戦力、自軍の調子、そういう様々な要素から試合は成り立つ。もちろん、ゲームのなかではピッチャーが打って、走って、守ることも大事。セ・リーグの場合はピッチャーも打席に立つわけだから、9番という打順でも、試合の流れを見なければだめだ。

三振をするのが一つの手だてになることもある。その三振にも様々な種類がある。粘《ねば》って三振をする、3球であっさり三振する、大きなスイングをして、「コイツ、何を考えているんだ」と思わせながら空振りの三振をする。そのすべてが、ヒットを打つのと同じくらい大事だったりするのだ。

ランナーを進める、打点を稼《かせ》ぐ、わざとダブルプレーになってチェンジになる。そういういろんな結果を、試合の流れのなかで選択していかなければならない。だからこそ、野球は奥が深く楽しい。

僕はただ投げるだけの選手ではいたくない。ランナーとしてセカンドにいても、僕はヒット1本でホームに還《かえ》ることを第一に考えていた。もし還れずに三塁で止まって、次のバッターがアウトになったら得点できないだけでなく、ヒットを打った選手に打点をつけてあげることができなくなる。だから、できるだけホームに突っ込むようにしていた。そんなちょっとした違いが、一シーズン通してみるととても大きいのだ。

ローテーションに入っている先発ピッチャーがシーズン中に果たすべき仕事は、3度投げて3度勝つことではない。それを求められたらすべての先発投手が失格の烙印《らくいん》を押され失職《しっしょく》してしまう。3度投げたら2度勝つ、ある時期は3度投げて1度しか勝てないこともある、そういうリズムのなかで、一年間を通して白星が黒星を上回ればそこそこの仕事をしたことになる。しかも僕の場合は意識的に、夏場に調子のピークをもってくるタイプだった。だから春先には何とか粘って夏になるのを待っていたものだ。

アメリカにも「Great September」という言葉がある。チームにとって重要である、シーズンの大づめの9月以降に力を発揮《はっき》する選手。最後に活躍する選手はインパクトがあるし、チームもそういう選手を重宝《ちょうほう》する。4、5月のシーズン当初に活躍する選手は尻すぼみになることが多い。人生にもシーズンにもゲームにも、リズムを作ることが必要だ。

とくにプロ野球は年間を通しての意識をもつこと。多少勝てない時期が続いても、ゲームを壊さず、自分も怪我をしないで、コンスタントに活躍し、夏場過ぎにピークをもっていけるような、そんな流れで一年を構成できれば、最高だと思うし、チームにとってもありがたい選手になる。

【第一感】

ＰＬの教えに「第一感で投げなさい」というのがあり、今も大事にしている。ただこの第一感を活かすのは、まずデータ掌握《しょうあく》という土台ありきなんだ。ここが大切。相手のデータは試合前日までに頭に入れておく。勉強でいうところの予習だ。そうして、データを入れたうえでマウンドに立つ。漠然《ばくぜん》と「カーブを投げたい」と思っても当然だめだ。

もちろん、データに頼りすぎてはいけない。その日のマウンドに立ったときの自分の感触、調子、相手の調子、イニング、点差、風の状況などを感じたうえで、自分なりの第一感の閃《ひらめ》きを活かす。ゆえに第一感は好き放題やるということではない。

【投球フォーム】

１００人いれば１００通りの投球フォームがある。

同じフォームで投げる必要などないし、投げられるわけがない。

なぜなら、人それぞれに筋力や柔軟性、瞬発力やバランス感覚が違うからだ。

自分の現役生活を振り返ると、長い間「第1のフォーム」と「第2のフォーム」という2種類の投げ方の狭間で悩んでいた。

大雑把に言えば、「第1のフォーム」というのは、テークバックのときに右肩を下げて身体全体の力を使って投げる力感あふれるフォーム。「第2のフォーム」とは、テークバックのときには右肩の位置を平行に保ち、身体の開きを遅くして投げるフォームだ。第1のフォームほどの球威や力感はないが、安定感があり、コントロールも正確だ。

僕はどちらのフォームがいいのか、あれこれと思い悩んできた。結局、現役時代は、両方のフォームを上手く使い分けて長い間投げ続けてきた。使い分けると言っても、まったく別のフォームにするのではなく、感覚やイメージを意識することだ。野球は1月の自主トレーニングから始まって、10月の日本シリーズまで10ヵ月もプレーしなければいけない。そして、その繰り返しを、5年、10年、20年と続けることが一流の証でもある。その長期間を、同じ感覚やイメージでプレーし続けることはとても困難だ。どんなに素晴らしい選手でも、試合結果や体調によってフォームのバランスを崩してしまう。そのような時の処《しょ》方箋《ほうせん》（修正作業）に、この「第1のフォーム」と「第2のフォーム」の感覚やイメージを使い分けた。どちらのフォームも身体全体を使う意識で投げる。そのために必要だったことは、僕なりの言葉にすると「共同募金の法則」だ。一人で100万円を集めるのは大変だけれど、100人から一人1万円ずつ集めればいいのだから、一人の負担は軽減されグッと楽になる。楽になったからといって集めたお金の価値が下がるわけではない。広いグラウンドもたった一人で整備するのは時間もかかるし、かなりの重労働になってしまうが、選手みんなでやればあっと言う間に終わる。それと同じ論理。

筋肉も、ある1ヵ所に100の仕事をさせるのではなく、100ヵ所の筋肉が一つずつ働けば、トータルで100になる。これが、全身を使って投げるということ。身体の使い方を覚えるというのは、ある動きをするときに、今まで使えていなかった筋肉を使えるようにするということと、その動きの邪魔をする筋肉をあえて使わないようにすることも大事なのだ。

極端な言い方をすれば、こういう動きをしたいと脳が指令を出したとき、必要な筋肉はがんばって、不必要な筋肉は休まなければならない。つまり全身が、同じ目的に向かって自分の仕事を果たすために一斉に働いてくれれば、それが身体の使い方を覚えたということになるのだ。

現役時代は、1週間まるまる投げないなんてことはなかったから、引退した今でも投げていないと不安になるときがある。だから時々自宅の庭で投げてみたりもするのだが、それでもまだプロのレベルに近いボールを投げられる。それは、右腕だけで投げているのではなく、左の脇《わき》から腰のあたり、つまり左の腹斜筋《ふくしゃきん》から右の大胸筋《だいきょうきん》もあわせた「2倍の長さの右腕」で投げているから。それを可能にするためには、「共同募金の法則」は欠かせない。

僕は、投げるときにキャッチャーを凝視する必要がない。全身を使って投げることだけを意識して、4分の4拍子のリズムで投げれば、アウトローにビシッと決まる。自分のピッチングの流れを身体が覚えている。

ピッチングフォームに対する僕なりの結論は、手先だけでコントロールしたり、力任せに投げても無駄であるということ。自分の身体に合った合理的で効率的なフォームを日々研究することが大切だ。また、その姿勢が、負担の少ない再現性のあるフォームを完成させると確信している。

【登板間隔】

僕の登板間隔は主に中5日だった。この間のコンディショニングを紹介する。

1日目（試合の翌日）

疲労を取る、試合の反省、栄養補給。この三つに加えて、次の試合への計画・戦略を練《ね》っていた。次の登板へ早めに意識のスイッチを入れることで、準備や覚悟が自然に体内に湧《わ》き上がる。疲労の度合いによって変わるが、1日目か2日目のどちらかで軽いキャッチボールをしていた。ごくまれに、気分が乗らずに何もしたくないときもあるので、そのときは身体の声に忠実に休んでもいい。

2日目

積極的休息日というふうに意識していた。ストレッチ、30分ぐらいの有酸素運動をする。ただ休むのではなく、積極的に休むのだ。前日に疲労物質を取り除いて、しっかり休む。1日目があってこその2日目の休みなんだ。

3日目

この日が一番ハードに練習する。ピッチングも30～50球ほど投げる。ランニングも心拍数をあげるために、中距離のインターバル走を行う。

4日目

この日から主に短距離走を主体に調整に入る。50メートル、40メートル、あるいは20メートルを何本か走る。あとはこの日は睡眠をがっちりとっておく。登板前日には興奮したり、緊張したりして、よく眠れないときがあるのだが、この日寝ておけば、たとえ翌日寝られなくても心に余裕ができる。だから、登板の2日前は充分な睡眠が必要なのだ。

5日目

軽くランニング、軽いキャッチボールで汗を流して、ストレッチで終了。前日きっちり寝ているから、「別に今日は寝られなくても大丈夫だ」って思うと、気づいたら爆睡《ばくすい》していたというのが僕のパターン。

このスケジュールにあわせて、食事の内容も変える。野菜はほぼ毎日摂《と》り続ける。1日目と、ハードに追い込んだ3日目は肉を主体にする。2日目の休養日は軽めにして、内臓も休ませてあげる。4日目、5日目は肉をやめ、炭水化物に切り替える。

栄養学の先生にもいろいろ聞いたのだが、栄養学の見地に立つとカロリー主体のメニューになってしまう。それはもちろん正しいのだけれど、いろいろ実践《じっせん》してみた結論はこの流れ。

栄養学的には登板と登板の間の肉は1回でいいという意見も多い。でも、僕が到達した答えは、動いたら肉を摂るということ。そして最終調整に入ったら、肉料理をスパッとやめる。

でも、登板日前日に気分が盛り上がらなかったり、気持ちが燃えないことがある。そういうときは、あえてステーキを食べる。

西洋の科学的な栄養学では、スポーツ選手が試合の前日に肉を摂るというのはタブーらしい。でも、東洋の思想では肉を食べると闘争心が湧くともいわれている。僕はステーキを食べるとぐわーっと戦闘モードに入れるのだから、これはこれでいいのだと思う。


【道具】


高校時代には「ゼット」と「ミズノ」。プロ入り後は「ワールドペガサス」と「ナイキ」にお世話になった。道具が合っていいプレーができたので、メーカーの皆様にはたいへん感謝している。

スパイクは、「ナイキ」を使っていた。きっかけは、怪我だった。プロ入りしてまもなく、足首を捻挫《ねんざ》した。なかなかその怪我が癒《い》えず、しばらく全力で走れなかったのだが、ちょうどそのとき、「ナイキ」がエアー（空気）の入ったシューズを発売したので、試しにそれを履《は》いてみた。すると、それが足に負担がかからず楽で、すぐに走れるようになったのだ。

グローブは「ダイオス」というメーカーの「ワールドペガサス」。きっかけは巨人の先輩だった水野《みずの》雄仁《かつひと》さんに「マスミ、ここの会社は小さいんだけど、がんばっているから応援してるんだ。お前も協力してくれないか」と頼まれたから。僕はそういう言葉に弱いんだ。

日本には素晴らしいメーカーがいくつもあって、僕が使用していた「ダイオス」よりも「高い契約金を払うから、ぜひウチのグローブを使ってほしい」という話はあった。しかもそのダイオスの僕の担当だった営業マンが出版した本の事実関係を巡《めぐ》って、名誉《めいよ》毀損《きそん》で裁判を起こしたこともあった。結局身の潔白《けっぱく》が証明されたのだが、それでも僕は契約を打ち切ることはしなかった。小さな会社だったし、プロの契約選手を大勢抱えている大手メーカーとはわけが違った。もしも僕が他のメーカーに移籍してしまったら、その会社の方がそれまでに努力してきてくれたことも、僕に対してよくしてくれたことも、みんな水の泡《あわ》になってしまう。だから僕は、できるだけ長く「ワールドペガサス」のグローブを使おうと決めて、結局、現役生活の最後までそれを使い続けた。

【勉強】

野球のために、勉強したり、研究したりするのがたまらなく楽しい。それはピッチングだけじゃなく、バッティングも同様だ。

自分の思い描く理想の投手に近づくためなら、どんな人にでも臆《おく》することなく話を聞きに行った。金田正一《かねだまさいち》さん、藤田元司さん、平松政次《ひらまつまさじ》さん、東尾修《ひがしおおさむ》さん、江川卓《えがわすぐる》さんら、右投げ、左投げ関係なく、聞きに行った。家まで押しかけたこともあるくらいだ。

変に臆してもしょうがない。行動を起こさなければ何も変わらないし、短い野球人生のなかで、行動を起こさずに悔《く》いを残したくはなかった。

ほかにも、日本やメジャーのピッチャーの投球フォームをビデオで録画して研究していた。みんなそれぞれ違う特徴があるから、最終的には自分のフォームは自分で開拓していかなければならないのだけれど、そうやって多くの例を知ることが大事だ。

これから先、たとえば僕がコーチや監督になったとき、この作業は絶対活きてくる。

【ホテルでの過ごし方】

ホテルで体調を崩《くず》してしまった経験はないだろうか。せっかく試合に行っても、体調を崩してしまっては何にもならない。その原因の多くはホテル特有の乾燥にあると思う。基本的には面倒くさがらずに加湿器を借りるようにしているのだが、さらに寝るときに浴槽《よくそう》にお湯をはり、また、濡《ぬ》らしたタオルをなるべくベッドの近くに置いておくようにしている。これだけでだいぶ乾燥は防げるから体調を崩すこともない。

あとは、ベッドの硬さ、枕《まくら》の高さと硬さもチェックする。もし枕が合わなかったら、首などを痛めてしまう。そんなときはタオルを丸めて寝ていた。

食事もビュッフェは気をつけたい。ついつい好きなものばかり食べてしまうから、意識的に小皿でできるだけ多くの品目を食べるようにしたい。そうそう！「まごわやさしい」を念頭におくことが大事だ。豆、ゴマ、わかめ（海藻類）、野菜、魚、椎茸《しいたけ》（きのこ類）、芋……これは毎日摂りたい。

【マスメディア】

メディアはすごいパワーをもっている。メディアで感じがいいとされている人に会っても、印象《いんしょう》が違うということも多々あった。それだけメディアにコントロールされているということだと思う。

高校時代は、取材陣に対しては仲間という意識が少なからずあった。でも、プロに入ってからは敵になってしまった。目に余る取材が重なったときには、一切《いっさい》口をきかない、ということをやってみたことがある。しかし、振り返ると自分の器《うつわ》が小さかった。今は紆余《うよ》曲折《きょくせつ》を経《へ》て、最終的にはメディアと共存共栄していきたいと思うようになった。ゴマをすったりとか、そんな関係ではなくて、まっすぐに付き合いたい。

同時にメディアに踊《おど》らされたり、あまり影響を受けすぎないようにすることも大事だ。

たとえば、アメリカに渡った1年目。パイレーツと契約が切れたあとに、次の年もまた挑戦すると発表したとき、

「もうこれ以上やると、いくら何でも格好《かっこう》悪い」

みたいなイメージで、よく報道されたものだ。これまでの実績を汚《けが》す行為でもあると。確かにそういう考え方もあるだろう。それに対して僕は、

「いや、格好悪くていいんですよ」

と答えた。

なぜならば、「格好悪い」というのは、人の評価で、人の評価ほど曖昧なもの、いい加減なものはないから。だって、それを評価している人間自体が完璧ではない。この世の中に「完璧な人間はいない」から。

だから、もっと言えば、多数決で決めても、その多数決だって絶対じゃない。

それに僕は、周囲の人にとって格好いいことをするために生きているわけではなく、自分が充実した人生を送るために生きているわけだから、自らの価値観を大事に、マイペースでいくことが大事だと思う。

【マナー】

数年前、ある選手とご飯を食べに行った。僕はスーツを着ていったのだけれど、彼はTシャツにジーンズ姿で現れた。店もカジュアルな店ではなく、ある程度かしこまった店だった。そこで僕は彼に言った。

「今日はあえて言うけれど、先輩とご飯だろ。それも気軽な焼肉屋とかじゃなくて、こういう店というのをわかっていて、なぜそんな格好で来たんだ?」

怒ったわけではないけれど、社会人として、それも誰よりも注目を集める野球人としてのマナーを学んでほしいと思ったから、そう伝えた。どこのお店の人も有名人には何も言わないだろう。

でも、プロ野球選手はいろいろな場面で、いろいろな人と会う機会がある。そこで、そういうTPOをきちんとわきまえなければ、大切な信頼、いや、それ以上のものを失うことがある。

ちなみに彼はそれ以降、いつもきちんとスーツにネクタイで来てくれる。僕の話を理解して実行してくれているので、素直にうれしいと思っている。

【メジャーリーグ】

これだけ多くの日本人選手がメジャーを目指すようになると、日本の野球は衰退《すいたい》してしまうのではないかという危惧《きぐ》も確かにある。それでも、アメリカと日本の野球に触れてみて、改めて日本の野球は素晴らしいと思うところがたくさんあった。だからこそ僕は、将来的に選手から「日本に骨を埋《うず》めたい」「日本でずっとやりたい」と思ってもらえるような、そういう野球界を作る一端《いったん》を担《にな》いたい。

メジャーに行きたい人に対しては「どうぞ、行ってらっしゃい」と背中を押して行かせてあげるべきだ。日本のプロ野球を経てメジャーへ挑戦するというのが今のトレンドではあるが、ちゃんとした組織を作っていけば、優秀な人材の流出に歯止めがかかり、やがてまた日本のよさを再認識してもらえる時代が巡ってくる。

ただし、メジャーリーグに行くことで、日本の何倍もの年俸《ねんぽう》をもらえるようになる構図があることも事実。同じ選手なのに、日本からアメリカに移籍してプレーすると、給料が2倍、3倍と上がる。その背景にはビジネスモデルの違いがあって、MLBという組織にはそれだけのお金を生み出す仕組みができあがっているのだ。その仕組みがあってこそ、各球団が選手に払える給料のキャパシティも変わってくるわけで、これは日本球団の企業努力の範疇《はんちゅう》を超えている。野球を職業としている選手からすれば、少しでも多くの給料をもらうために海を渡ってメジャーへ行きたいと思うのは仕方のないこと。だからといって、日本のプロ野球までもがＭＬＢに追随《ついずい》して金銭至上《しじょう》主義になってしまっては、自分たちの首を絞《し》めることにつながっていく。

お金も大切だが、やはりファンの人に心から応援してもらえるような組織作り、チーム作りがそれ以上に大切であると思っている。そのことをプロ野球関係者は認識する必要があるのではないだろうか。

【メリハリ】

僕は生活における切り替えがとても早い。

周囲は驚くがだらーっとしていると思ったら、突然立ち上がって、パッとランニングに行くこともある。

そして何事もけじめが大事だとも思うのだ。自分で時間を決めて、その時間は必ず守る。朝６時に起きると決めたら、意地でも６時に起きる。僕だってサボりたいと思うこともあるけれど、そこを踏ん張ることによって、メンタルの強化にもなる。楽なほうに流れるのは簡単だけれど、やはりそれではいけないのだ。

人間、24時間全力というのはできない。だからこそ、リラックスしてだらだらするときは精一杯だらだらすることが大事。集中するときは精一杯集中して、メリハリをつけたい。メリハリはあらゆる場面で意識しておいたほうがいいと思う。

【門限】

プロ野球選手には門限があったほうがいいと思っている。20歳までなら深夜零《れい》時、20歳以上なら午前2時。この時間は超えるべきではない。門限を決めるうえでの注意点は、あまり早い時間に設定してしまうと、いったん戻ってきていることをアピールして、カムフラージュしてからもう一度出かけてしまうということ。いくら若いとはいえ、これでは疲れてしまう。これは僕自身、経験済みのことだから間違いない。

20歳を過ぎても門限が午前零時というのはこれまた酷な話だ。ナイターが終わって、寮に戻って、それから外出するのは夜の11時近く。それからご飯を食べたら、もう門限。若い選手にとってはこれからがお楽しみの時間だというのに、わざわざ「おやすみなさい」と寮長さんに言って、やはりまた外出する。疲れないはずがない。それならば、いっそのこと門限を午前2時にしたほうがいい。食事を済ませて、飲みに行ってストレスを発散して、まだ時間に余裕があれば、じゃあ、帰ろうかということになって、程《ほど》よい時間に戻るもの。まったく自由にするのではなく、無理なくできる範囲で、みんなで守れる規則がある、ということが大事なのだ。規則のなかで、自由を謳歌《おうか》する。遊ぶことは決して悪いことではないし、四角四面では面白くない。むしろ遊びがないとダメだと思う。

【ユニフォームの着こなし】

最近のプロ野球は、ボタンをわざとはずしたり、ズボンをスパイクの踵《かかと》を覆うくらい長くしてユニフォームを着る選手がいるなど、街中《まちなか》のファッションと同じようにユニフォームをとらえている選手が多いように思う。

ユニフォームは当然機能重視。動きにくいのにファッション性が優先されては本末転倒《ほんまつてんとう》になってしまう。もちろん、カッコよく見せることも大事かもしれないし、流行に敏感だということも素晴らしいと思う。でも、僕は本来ユニフォームの着こなしに、ファッション性はあまり必要ないと思う。そういった野球に関係のない顕示欲を絶つことが大切だ。

ヘアスタイルなども同様だ。野球をするのに邪魔だとしか思えないような髪型の選手がいる。何色でもどんな奇抜な髪型でもかまわないが、プレーに支障が出る可能性のあるスタイルにはすべきではない。それに結果が出ないからとか、流れを断ち切りたいからと、急に丸刈りにしたりする選手もいる。そういうことにも正直、疑問がある。普段からそうしていればいいのに、普段は手を抜いているのとか、穿《うが》った見方をしてしまう。

プロ野球選手は見られている。見られることも仕事のうちだ。常々それを意識して生活してほしい。

【リズム】

怪我のリハビリも兼ねて、1996年に自宅から歩いて3分くらいのところにピアノを習いに行っていた。基礎からみっちり教わり、自宅でも練習を繰り返した。ジョン・レノン『イマジン』、映画『グラン・ブルー』のテーマソングなど、そのレパートリーは数十曲になった。

ピアノを習ったおかげかどうかわからないのだが、現役引退後には音楽の聞こえ方に変化が生まれた。そうしたら、不思議なことに子どもがボールを捕《と》るときにも音楽が聞こえてくるようになった。

この子の捕り方はリズムに乗っているか、ずれているか。だから、今では守備練習の際に、音楽の先生みたいに、手を叩《たた》いてリズムを聞かせながらボールを捕らせることもある。

リズムを刻みながら指導するコーチなんて、野球の世界では、そうはいないのかもしれないが、ピッチングも守備も打撃もリズムが大切で僕はリズム感と守備は密接に関係していると考えている。

【ワイン】

右肘手術前はお酒はまったく飲めなかった。

手術後、ホテルの部屋でテレビを観ていたら、

「赤ワインは身体にいい」

という特集が放映されていた。

葡萄《ぶどう》の皮と種を一緒につぶして作られる赤ワインには、ポリフェノールが含まれていて、悪玉コレステロールを減らし善玉コレステロールを増やす効果があると紹介されていた。動脈硬化にもいいらしい。

クスリのように飲むようになったのは、そこからだ。

当時は怪我をしていてどん底の状態。リハビリの一環で飲むようになり、ワインにのめり込んだ。

葡萄の種類、名前の由来、香りや産地による特徴、銘柄《めいがら》や年代など、その奥深さは僕の

好奇心を刺激した。

それからは自宅でもワインセラーを買って、ワインをしっかり管理した。

僕はワインに対しても誠実でありたい。ただ漠然と買うだけでも、漠然と飲むだけでもいやなんだ。やっぱりある程度知識をもって、どういう人がどういう畑で作ったのかをイメージしながら飲んでいる。

レストランに行ったらまずワインリストを見せてもらう。

揃《そろ》えている銘柄、付けてある価格などを見ていれば、どれだけそのお店がワインに力を入れているかはすぐわかる。品揃《しなぞろ》えや値段のバランスなど、良心的ないいお店であれば5分でも10分でもワインリストを見ている。

ワインにともなう知識は、歴史や地理にも関わっていて、すごくイメージが膨《ふく》らんでいく。野球選手には大酒飲みのイメージがあったりするけど、お酒を嗜《たしな》む、という飲み方があることも知ってもらいたい。お酒はやっぱり身体に悪いと決めつけるのではなくて、適当な量を嗜むというのは、人生において大事なことじゃないかと思うのだ。イッキ、イッキと騒ぎながら飲むお酒じゃなくて、その国の歴史や文化を語り合ったりしながら飲むお酒もあるのだ。

ワインを飲むことにより、脳や舌といった五感の感覚が磨かれていった。これは実は野球に役立つ。あの試合、何球目にこう投げて打たれたとか、そういうことを必要な場面で思い出せなくてはならないのが野球だと思うが、あのときこうだったから今回はこう投げたい、ということを考えるのにワイン的な思考はすごくいい練習になった。

この章で述べた項目のなかには、

「え？　こんなことをしても、野球がうまくなるわけない」

と思われることもあるかもしれない。

もちろん、小説を読んだり、絵を観たり、歌舞伎《かぶき》を観たり、何か野球以外のことをすることによって、決してボールが速く投げられるわけでも、打てるようになるわけでもない。野球選手にとってはどうでもいいことだろうと言う人もいるかもしれない。それでも、どんなことでも本物に触れてみる、経験する、自分の目で見るということに勝ることはないと考えている。そういうことが自分の人生を豊かにしてくれると思う。それは必ず、野球にも影響してくると考えている。

そして、本を読む習慣や、文化や歴史に触れるという好奇心は、現役をやめたあとのセカンドキャリアにも必ず活きてくる。

僕が現役時代から指導を受けてきた甲野善紀先生も、百聞は一見に如《し》かず、に倣《なら》って、

「百聞は〝一触《いっしょく》〟に如かず」

とおっしゃっていた。野球選手とはいえ、24時間ずっと野球をやっているわけではないのだから、ユニフォームを着ているとき以外は人間力を豊かにする努力もするべき。とにかく何でも見ること、これは実は相当強い意志をもっていないと続けることができない。野球だけできてもダメだということを、声を大にして言いたいのだ。

自宅玄関のトビラを開けると、エンボス加工された
「KUWATA 18」の文字が目に飛び込んでくる。

右頁上／リビングでくつろぐ。奥には
友人たちをもてなせるカウンターキッチンがある。
大きな窓から、自然光が差し込む
気持ちのいい部屋だ。

右頁下／リハビリの一環としてはじめたピアノ。
野球におけるリズム感を養ってくれたと桑田は言う。

左頁／戦跡を物語る、サインボールや
トロフィーがきれいに並ぶ。
廊下の壁面には各チームで着用した
ユニフォームが飾られている。

上／リビングに併設されている
バルコニーにて。
ここでシャドウピッチングをしたり、
落ち葉を掃除《そうじ》するのが日課だ。

下／書斎にて資料を読む。
この部屋で大学院の予習復習をし、
卒業論文を執筆した。

写真＝川口賢典

第13章 因果応報

メジャーリーグ初登板は、ヤンキース戦だった。
後ろに写っているのは松井秀喜選手(現・エンゼルス)。

原因があって、結果がある。
サボったら、サボっただけの結果しか出ない。
野球に携わるすべての人が、
スポーツマンシップを意識したい。

「卑怯者《ひきょう》！」

小学生の頃、女の子と喧嘩《けんか》したときに、母から言われた言葉だ。

以来ずっと、卑怯なことだけはいけないと心に深く刻んだ。

卑怯なことはしちゃいけない、その最たるものが野球においてだ。

だから僕は野次《やじ》が嫌いだ。中学、高校時代、そしてプロ野球でも先輩から相手チームを野次るように指示されてもそこは頑《がん》として譲《ゆず》れなかった。僕自身は小学生からおじさんのファンまで、様々な人から、本当に野次られたことはたくさんあるのだけれど……。

なぜ野次ってはいけないのかというと、それは多数で一人を攻撃する行為はやはり卑怯だから。スポーツマンシップに則《のっと》って言うならば、そんな卑怯な手段は絶対にとってはいけない。プロ野球の野次も実にレベルが低い、お粗末《そまつ》な話を持ち出し、ののしり合う。けれど、僕はそういうことをしたことがない。

大勢で一人を攻撃したり、強い者が弱い者を攻撃したりするという点では、いじめも絶対にしてはいけない、当然だ。

いじめはスポーツマンである前に一人の人間として、とても卑怯な行為であるということを認識《にんしき》しておくべきだ。そういうシンプルで大切なことを野球というスポーツを通じて子どもたちに伝えたい。

「力の強い者が、力の弱い者や、ましてや女の人をいじめることをいいと思うか、それはスポーツマンとして、野球人としてだけでなく、人間として卑怯だよな」

と子どもたちに問いかけて考えさせている。

「学校で、お前たちよりちょっと成績が悪いからとか、運動ができないからとか、身体《からだ》が小さいからとかいって、いじめてるヤツはいないだろうな。そういうヤツは野球をやる資格はないよ」

口を酸《す》っぱくして言っているんだ。

決して野球がうまくなるだけが目的ではない。野球を通じて、人生に大切な、様々なことに気づくことができるのが、野球の素晴らしいところだと思っている。

すべては因果応報《いんがおうほう》。

スポーツマンシップに反した行為は、いずれ報《むく》いをうける。僕がいつももち歩いている電子辞書で意味を調べてみた。

「因果応報──いんがおうほう──」

「善《よ》い行いをすれば、善い行いで返り、悪い行いをすれば、報いで返る」となっている。

野球という競技において、上下関係はすごく大切な要素のひとつだと思っている。そういう部分での精神野球というのは、とても大事。でも、たとえばオレンジを搾《しぼ》りジュースを作るとして、手で搾るのと、足で踏むのと、機械で搾るのと、いろいろな方法があるけれど、オレンジを搾ればどれも同じオレンジジュース。精神野球もそれと一緒で、上下関係や礼儀を教えるにしても、方法はいろいろある。ただ、自分が体験してきたことは、まるで僕の理論には反するやり方だった。だから、僕は次々と改革していった。少なくとも僕の目の前ではいじめや無意味なしごきはなくなった。

寮生活においてもスポーツマンシップは大事だ。卑怯なことはしちゃいけない。厳しいというのは素晴らしい。ただ、厳しさにも質がある。厳しくしてもいいけれど、それは相手に伝わっていないと意味がない。

いま、いろいろな企業の不誠実な仕事ぶりが話題になることが多い。産地偽装《ぎそう》だとか、脱税や粉飾《ふんしょく》決算だとか。では、どうすれば悪いことに手を染《そ》めないで済むのだろうか。僕はスポーツ選手だから、すべてがスポーツマン精神としてはどうなのか、という観点から判断する。では、スポーツマンじゃなかったらどうすればいいかというと、それは男として、女としてどうなのかと考える（もちろん決して男女差別ではない）。それでも判断しかねるときは、人間としてどうか、という観点で考える。僕はその三つの順番で、判断して決断を下している。

話を戻そう——野球だけじゃなくても、すべて因果応報なんだと思う。原因があって、結果がある。努力するから成果が出る。サボったら、サボっただけの結果しか出ないし、うそをついたら、そのしっぺ返しがくる。毎日頑張るからこそ、その努力はいつか日の目を見る。

ついていたな、とか、運がよかったな、というのは、最初からないものだと考えてほしい。ただツキというのは、作ることができるんだ。それが1章でも書いた裏の努力。人が嫌がることを率先《そっせん》してやるということ。トイレ掃除《そうじ》、雑草とり、靴を並べる。それをやれば、いい当たりでも正面でアウトになるし、「あぁだめだ、スタンドインだ」というときにも逆風が吹いてアウトになる。

よい行いをしていると結果がついてくるのだ。

改めて考えると、野球にはずいぶん殺伐《さつばつ》とした言葉がたくさん出てくる。盗塁は、塁を盗むし、二塁で封殺《ふうさつ》する、併殺《へいさつ》する、捕殺《ほさつ》、死球《しきゅう》……言葉からして物騒《ぶっそう》な表現がいくつもある。審判にはアピールしなければ認めてもらえないこともあるし、タッチアップの離塁《りるい》が早くても、ベースを踏み忘れても、相手に見つからなければセーフになる。隠《かく》し球で相手を騙《だま》してアウトにしても、騙されたほうが悪いということになるのが野球なのだ。

だからこそ、野球に携わるすべての人は自分に対して厳しさをもたなければいけない。野球選手はスポーツマンシップを絶対に忘れてはいけない。

ところが昨今《さっこん》は、野球というものを大事にせず、ビジネスのことを優先に考える人が多すぎる。

野球というのは、魅力のある、素晴らしいスポーツ。だからこそ、野球に携わるすべての人は、スポーツマンシップすなわち、野球道を忘れるべきではないと思う。そんなきれいごとは社会に通じないと言われるかもしれないが、僕は頑固《がんこ》といわれても、この精神で生きていきたい。

野球の選手が心身ともに努力して、鍛錬《たんれん》して、洗練された姿はとても美しいし、大げさではなく、その姿こそが人生を豊かにする芸術だと思う。

松坂大輔（左）と岡島秀樹（中）と談笑する桑田。
この二人をはじめ、現役投手の間で桑田を慕う選手は数多い。

第14章 情

注ぎすぎるということはないのが愛情。
愛情をいっぱい受けた人間は、
心が温かい人間、周囲に愛情を
注ぐことができる人間に育つ。

中学時代のお弁当の時間のときのことだ。

「桑田君、早くお弁当あけてぇよ」

「なんでやねん⁉」

「いいから、早くあけてよ。桑田君のお弁当が見たいんやから」

包みをほどいて、蓋《ふた》をあける。空腹だから、早く食べたいのだけれど、みんないつまでも覗《のぞ》き込んでいるから、なかなか箸《はし》をつけることができない。

「いつ見ても、きれいだなぁ、桑田君のお弁当は」

みんな僕のお弁当を見るのを楽しみにしていた。

当時カメラ付き携帯電話でもあったら、みんなが写真におさめたがり、僕はさらに箸をつけるのが遅くなったかもしれない。今でも、そんなふうに思うぐらい、毎日、騒ぎになっていた。

事実、母のお弁当は大好きだったし、きれいで愛情がいっぱい詰まっていた。

ゴマで「ファイト」、紅《べに》しょうがで「がんばれ」と書いてあることもあった。

母は夜遅くまで家事をしたり、内職《ないしょく》をしていた。それでも、早く起きて姉弟三人のお弁当を作ってくれた。

いつも愛情がたっぷりのお弁当で、今でも鮮明《せんめい》に覚えている。


僕の家は、あまり裕福《ゆうふく》な家ではなかった。だから、ユニフォームもソックスも、つぎはぎだらけ。それでも、駄々をこねることはなかった。

それはある日の朝、いつもより早く起きたとき、僕は母親がソックスを繕《つくろ》っている姿を見たからだった。夜、僕たちを寝かしつけてから、ユニフォームを洗濯《せんたく》して、乾かして、それから繕って……そんな作業を徹夜《てつや》してやってくれていた。僕は母親のその背中を見たとき、

「オレは堂々としなきゃあかん」

と思った。チームメイトに
「なんやお前、その靴下は。きたないのぅー。やぶれとるやないけ」

とからかわれても、

「ええねん、これでええねん、野球がうまかったら、それでええねん」

と言い続けた。そして、

「将来、オレが絶対におかんのために家を建てて、楽さしてあげるんや」

と、心にそう決めていたのだ。

母の愛情を身体《からだ》いっぱいに浴びて、僕は野球に打ち込むことができた。

少年野球の子どものお母さんと話すことがある。

「現代社会に生きる女性は仕事もするし、家事もこなす。ものすごいスピードで暮らしていらっしゃると思います。でも、愛情はたっぷり注いでほしい。注ぎすぎるということはないのです。いくらでも注いでほしいと思う。忙《いそが》しいお母さん方は夜寝るのが遅いかもしれません。だからといって、お金をぽんと渡して〝お昼はパンでも買って食べて〟〝ハンバーガーでも買いなさい〟。これはできるだけ避《さ》けてほしいのです。夜にご飯をセットして、朝に炊《た》きたてのご飯でおにぎりを作る。2、3個愛情を込めて作ってあげていただきたいのです。それだけでいい。おかずなんていらない。それだけできちんと愛情が伝わりますから」

愛情を注ぐこと。それは食事だけではない。子どもが家を出るときには「いってらっしゃい」、帰ってきたら、「おかえり」と一言《ひとこと》、笑顔で声をかけてあげる。その一言で子どもは安心する。

逆にお母さんは家事などで肩がこったら、子どもたちに肩を揉《も》んでもらえばいいと思う。それがうそではなくて指先の鍛錬《たんれん》にもなるし、お母さんの背中を見ることで何か感じることもあるはず。

野球だけじゃない。スポーツをする子どもにとって、愛情が力になるし、そうすることで心の温かい人間に育つと思うのだ。

愛情ともう一つ、僕にとって大切な情。それが友情だ。

清原君と出会っていなかったら、今の僕はないと思っているし、そういう出会いがあったことを僕は心底感謝している。彼との間には、特別な絆《きずな》があった。

僕たち二人は特別な関係だし、二人にしかわからないこともたくさんある。

あの運命のドラフトのあと、僕たちは引き裂《さ》かれたという思いをずっと抱《いだ》いていた。清原君もそうだったと思うし、僕も当然、それがつらく、悲しく、本当に苦しかった。でも、それを僕は口に出して言うことはできなかった。僕は、グッと胸に秘めておくしかなかった。僕のなかの清原君に対する想《おも》いというのは、一瞬だって、変わったことはなかったからだ。中学3年のとき、ＰＬ学園に入る直前に初めて出会ってから、何ひとつ変わらない。

僕は清原君のことが好きだ。けれども、彼に僕のことを同じように思ってほしいとは考えていない。誤解を受ける言い方かもしれないけれど、彼がどう思おうが関係ないんだ。僕が、清原君のことが好きだということが大事なんだから。

２００８年の４月、引退して帰国した直後、清原君に引退の報告をするために神戸に向かった。

「クワタ、お前、何が食べたいんや」

「何でもいいよ」

と答えたら、彼は神戸で行きつけの中華料理のお店に連れていってくれた。彼は笑って僕を迎えてくれた。それは何よりも最高の贈り物だった。23年間も見たことがなかった、高校時代の笑顔だったから。

食事のあと、飲みに出かけた。

「練習があるんだろ、早く帰った方がいいんじゃないか」

と言ったのだが、彼は、

「今日はクワタが来るから、明日の練習は休みやってコーチに言うてきた」

って……、お前、どんな選手やねんって、笑い合った。

僕がふと時計を見ると、「なんや、時間なんか気にするな」と言うし、席を立とうものなら「ケータイか、誰にも電話せんでええやないか」と座らされる。結局、朝の４時になって、もう限界だと判断してホテルに戻った。

次の日の昼、寝起きの清原君から留守電にメッセージが入っていた。

「クワタ、清原です。えー、今朝の新聞、読みました。お前が昨日の昼、王さんと神戸で中華を食べたって書いてありました。お前、昼も中華食うたんなら、そう言うてくれたらよかったのに……お前はホンマ、気ぃ遣《つか》いよるというかなんというか、そういうところ、高校時代からちっとも変わらへんなぁ」

ドラフトで右と左に分かれてしまったあと、すっかり遠ざかってしまった僕たちの距離は、清原君が巨人に来たときに半分くらいに縮まった。それまでは、笑っていても、どこかで距離を置いた作り笑いだった気がする。でもその後彼が巨人を出て、僕も巨人を出て、距離はそのまた半分まで縮まり、僕が引退したことで、さらにまた縮まった。あと少し、もう少ししたら完全に昔に戻れると思っていたが、清原君がユニフォームを脱いで、僕と彼の距離は23年ぶりに、高校時代の距離に戻った。今では、僕たちはお互いの顔を見て、心から笑えるようになったのだ。

２人の息子がいる。長男・真樹（左）、次男・将司《まさし》（右）と。

第15章 プロセス

プロ野球は弱肉強食《じゃくにくきょうしょく》の世界だからこそ、
勝利至上《しじょう》主義ではいけない。
ビジネスの世界だからこそ、
金銭至上主義ではいけない。
勝ったとしても、きちんとした
プロセスを経てなければ価値がない。
たとえ負けたとしても、大事なのは
そこからどうやって起き上がるかだ。

現役時代、僕は野球で試合に勝っても、相手を挑発するような態度はとらなかった。逆に、たとえ試合に負けたときでも、ガックリと落胆《らくたん》するようなこともなかった。

それには理由がある。

勝敗がすべてじゃない、ということだ。

勝っても相手を思いやる心、負けても相手を讃《たた》える心が、もっとも大事だということ。他者を思いやれる気持ちや慈《いつく》しみの心が、僕の野球の根幹《こんかん》を支えている。

野球というものは、勝った、負けたという次元を超越《ちょうえつ》した、その上を目指さなくてはいけないと考えている。僕は、勝利至上主義という考え方には賛成できない。よくいわれるようにプロセスが大事で、プロセスがあって結果が出る。その結果を真摯《しんし》に受け止めることだ。だからこそ負けたから何もかもがダメというわけではない。たとえ負けたとしても、自分のピッチングができていれば不安は少ない。

「僕には理想のピッチングがある。それを10年目に完成させたい」

これは入団当初からずっと言っていたことだ。

今のプロ野球は入団して、2年も結果が出なければ契約してもらえないような激しい競争の場ではあるのだが、僕は自分のペースを乱さないようにじっくり取り組もうと考えていた。

その根底《こんてい》にあったのは、

「自分の人生だから、自分のペースで自分らしく」

というシンプルな考え方だ。最近ではむしろ受け入れられやすい考えだろうか。

人間は生まれたときから、他人と環境や能力が違う。だからこそ、他人と比較《ひかく》してはいけないし、自分のペースで生きなければならないのだ。これがわかっているのになかなかできない。

僕はいつも目の前のことに集中するけれど、その成果の収穫を急ぐことはない。

たとえば球種。僕の投球の基本はストレートとカーブ。プロ1年目もその二つの球種だけを投げていた。高校を出たばかりで、ストレートとカーブだけというのもいま考えれば無謀《むぼう》だったかもしれない。

プロ2年目からは、球種を増やし始めた。

球種の基本は4種類。カーブ、スライダー、シュート、フォーク。ほかにはチェンジアップやパーム、ナックルなどもある。

球種を増やすのも、じっくり取り組んだ。2年に1種類ずつ、ゆっくり自分のものにしていったのだ。2年目のキャンプで、全部の球種を投げようとすれば、おそらくできたと思う。でも、身体《からだ》自体はすぐに対応できないもの。

2年目はスライダーを習得した。新球スライダーが威力《いりょく》を発揮したその年は15勝をあげることができた。その翌シーズンもスライダーに磨《みが》きをかけて、自分のものにしていった。

次はシュート。

巨人には西本聖《たかし》さんというシュートが得意な右投手がいらっしゃったから、西本さんの球を勉強しながら、4年目と5年目でシュートを覚えた。

そして最後にフォークを覚えた。

つまりは7シーズンが終わる頃には、時間はかかったが、4種類の変化球をほぼ思うがままに操《あやつ》ることができたのだ。

3年目くらいのことだった。あるピッチングコーチから、フォークを投げてみたらどうだとアドバイスされたことがある。練習で投げてみたら、けっこう落ちた。だから試合で苦しいときに、

「フォークを使いたいな」

と思うこともあった。

でも、そこを、

「まだまだ目先のことに走るな」

と自《みずか》らを戒《いまし》め、ぐっと我慢した。

フォークを投げたいのに投げず、ストレートで勝負にいって、スコーンと打たれたこともある。

「あぁ、いま、フォークを投げていたら打ち取っていただろう」

正直、そう思ったこともある。

でも、結果的には段階を経て習得してよかった。

なぜなら、もしフォークを投げて結果を出してしまっていたら、きっと次のときも苦しい場面で投げてしまうだろう。そんなふうに自制が利《き》かなくなったら、肘《ひじ》や肩を痛めてしまっていたかもしれない。もしかしたら、痛めなかったかもしれないが、痛めてしまったときに後悔するのが嫌だった。

目先の結果よりも、自分が決めたプランを守り通す。

つまりは、「急がば回れ」なのだ。

PL学園時代も、ストレートとカーブしか投げなかった。

1年生の夏の大阪府大会にいたっては、4回戦から最後の決勝まで投げたのにカーブが曲がらず、ほとんどストレートしか投げられなかった。金属バット相手に、この二つの球種だけで、甲子園通算20勝をあげられたのだから、今でも不思議だ。

練習のとき、ごくたまにスライダーやフォークを遊び感覚で試していた。コンディションもよかったのか、我ながら抜群のキレだった。PLの紅白戦でも、清原君にスライダーやフォークを投げたが、まず打たれなかった。他のバッターには、カーブもジャストミートされない頃だから、スライダーやフォークをバットに当てられるはずがなかった。

甲子園でピンチになると、ファーストの清原君がタイムをとって僕のところにやってきて、よくこう言った。

「ここ、ピンチやぞ」

「わかってる」

「わかってるなら、お前、例のスライダー投げたら空振りや」

「いや、オレは投げへん」

「なんでやねん、そしたら、ここはお前のフォークや、これも当たれへん」

「いや、わかってんねんけど、オレは投げへんのや」

「なんでやねん」

「あかんねん」

「……そうか、お前らしいな」

おそらく納得《なつとく》していない背番号3は、首をかしげながら、守備に戻っていった。

ピンチでもストレートかカーブ。

夏の大会はとくに大変だった。大阪府大会からほとんど一人で投げているし、当時は3連投、4連投は当たり前だった。しかも真夏に完投するわけだから、意識が朦朧《もうろう》となる。

しかし、そこで他の球種を投げて、

「それで勝っても意味ないんや。うれしくないんや」

当時の僕はそう思っていた。

勝ち星はとても大切だけれど、違う次元でもっと大事なものが僕にはあったかもしれない。


長男の真樹は、中学二年生の頃から、高校野球に関する本を読むようになった。するとそのなかに、僕の高校時代の記録などがたくさん出てくる。それを見た真樹は、改めて感心したようなことを言うようになった。

「1年で甲子園に出て優勝したんだね」

と、自分自身と比べて言ってくる。

そんなとき、僕は、

「すごいと言ってくれるのはうれしいけれど、それは違うんだよ」

と諭《さと》す。

僕は15歳から甲子園に出て活躍したけれど、だからといって単純に比較してはいけない。人生には人それぞれのペースがある。

25歳からブレイクするかもしれないし、映画『オールド・ルーキー』のように35歳を超えてからブレイクするかもしれない。そのペースは誰にもわからないし、誰もが違うものだ。実際、僕はプロセスを大事に、心を大事に、他の誰とも競争しないで自分のペースで生きてきたし、そういう生き方が好きなのだ。アイツの足を引っ張ってやろうとか、蹴落《けお》として勝ってやろうとか、どんなにずるい相手でも、僕はそんなふうに思ったことはない。

事実、人生の早い時期に才能が花開きながらも、早熟で消えていってしまう人がたくさんいる。その一方で、大器晩成《たいきばんせい》型の選手だっているのだ。

すぐ結果に表れるプラスと、5年後に表れるプラス、10年後、20年後に表れるプラスがある。裏の努力を積み重ねる人生において、マイナスになるものは何ひとつ、ないのだ。

２００８年、北京《ペキン》五輪の野球で、日本代表チームはメダルをとれなかった。目先の結果だけ見れば、メダルを獲得できなかったという意味でマイナスだったかもしれない。しかし僕は、この結果には何ひとつ、マイナスはないと思っている。なぜなら、この結果を受けて、野球界に関《かか》わる人々が、より日本の野球を進歩させようと思ったからだ。事実、翌年に行われたＷＢＣでは、その反省を活《い》かし、連覇を果たした。

悔しい経験があったからこそ、野球界が発展するということは言えるはずなんだ。

物事というのは、いろいろなプロセスを経て、最終的にどうなるかが決まっていく。

プロセスは無数にある。

人の数だけプロセスはある。

山の登り方は無数にある。

だから、人は誰でも、いつからでも、どこからでも、何度でも、やり直せると僕は言う。

途中まで違う道を進んでしまったとしても、気づいてそこから正しい道に戻る努力をすればいい。

「負けるが勝ち」という言葉がある。目標を達成できたらそれは素晴らしいことだけれど、だから偉いというわけでもないし、達成できなかったからダメだというわけでもない。

すべては神様が与えてくれた道なのだ。

倒れたり、立ち止まったりしたら、また、そこから始めればいいのだし、倒れるということは、倒れたときの苦しみや悔しさを経験するために倒れるんだから、プラスになる。

だるまさんを想像してほしい。

だるまさんは、失敗してもいいんだよ、転んでもいいんだよ、大事なのは起き上がることなんだよと、囁《ささや》きかけてくれているように見えないだろうか。

大事なのは起き上がることだ。

１９９４年10月８日。勝者＝リーグ覇者《はしゃ》という、「10・８決戦」。
７回から最終回までをピシャリと抑えた桑田は胴上げ投手となった。

第16章
調和

チーム作りも、選手としての精神面も
すべてバランスが大事。
チーム編成には
ベテラン、中堅、若手の協力が不可欠。
選手としては、
緊張とリラックスと自信を
バランスよく兼ね備えたい。

あるとき、自宅の机の一番下の引き出しをあけて、探し物をしていたら、自分が30代半《なか》ばのときに筆でよく書いていた便箋《びんせん》用紙が出てきた。日記ではないのだが、そのときそのとき感じたことや考えを書きとめていたものだった。

内容は多岐《たき》に亘《わた》っている。野球への取り組みや、家族のことなんかをランダムに書き綴《つづ》っている。

そのなかに、「優勝の条件」というのがあった。

一、技術的実力（選手の能力）

二、気合（エラーは気合負け、イレギュラーヒットは気合勝ち）

三、必勝の信念（必ず勝つという強い気持ち）

四、自然・神の力（雨で流れたり、風でヒットになったり）

五、チームワーク（つなぎの野球、つなぎのバッティング、つなぎの投球）

六、戦略（監督、コーチ、プレーヤーを結ぶ）
七、フロントと現場の結び
八、ファンと選手の結び
九、スポーツマンシップ

プロの球団が優勝するための条件を書き出したのだろう。少し恥ずかしいが、そのときは真剣に書いていたのだ。

でも、内容に関しては今でもこのとおりだと考えている。この9つの条件があれば、きっと満足できるチームを作り上げられるだろう。

そして将来、もしどこかのチームを率《ひき》いるようになったら、作り上げたい形がある。それは「魅力あるチーム」。

なんだ、そんなの当たり前だと思われるかもしれないが「強いチーム」を作るのと、「魅力あるチーム」を作るのでは、作り方がまったく違う。

強いチームを作ろうと思えば、現時点で力のある選手を一人でも多く集めれば、勝てる確率はグンと高まるであろう。同じポジションの選手を獲得して二人で競争させれば、勝ち残ったほうはさらに力を発揮《はっき》するかもしれない。

つまり、お金をかけて、優秀な選手を片っ端《かたっぱし》から獲《と》れれば、そのシーズンを制覇《せいは》できる可能性は高くなるわけだ。

でも、それでは強さが長続きはしない。常に強いチームを作ろうとすれば、現時点で力のある選手ばかりを集めてはいけないのだ。1年だけなら優勝できるかもしれないが、毎年安定した強さを発揮することはできないだろう。なぜなら、実力や実績があるベテランは年齢とともに衰《おとろ》えていくし、ファンも生《は》え抜《ぬ》きの選手がいないと興味を失っていくからだ。そうなると観客が減り、土台がどんどん脆弱《ぜいじゃく》になっていくはずだ。

「魅力あるチーム」を作るには、ベテラン、中堅、若手……このバランスを最優先に考えることだ。理想は、スターティングラインナップに3人の若手、3人の中堅、3人のベテランを配置することだ。

そうすれば、ベテラン、中堅、若手が協力し合い、チーム愛が生まれ、強いチーム、伝統が築き上げられていくはずだ。僕の経験からすると、完全に実力主義を謳《うた》ってチーム作りをしてしまうと、ベテランは中堅に教えなくなるし、中堅は若手に何も伝えなくなる。なぜなら、教えて若手に成長されたら、自分の立場が脅《おびや》かされることになるからだ。

でも、もしもチームのためを思ってくれているのなら、ベテランは中堅に、

「あの攻め方はちょっと違ったんじゃないか」

「ちょっと癖《くせ》がばれているかもしれないぞ」

と言ってあげられるし、

「諦《あきら》めるな、最後までわからないぞ」

と叱咤《しった》激励《げきれい》することもできる。

それが実力主義だけになると、

「残念だけど、しょうがないな、次がんばれ」

「お前のせいじゃないよ、何だよ、あの監督のサインが悪いんだ」

ときれいごとで取り繕《つくろ》って、本音《ほんね》では話さないようになってしまう。要するに、みんなが陰湿《いんしつ》な足の引っ張り合いを始めるという状況に陥《おちい》る。そんなふうでは組織は強くならないし、強さも長続きしない。

やはり、野球が上手《じょうず》なだけではダメ。人間力を身につけた中堅、ベテランを育てていくと、安定した強いチームに育っていくものだと僕は信じている。目先の結果だけを求めてチームを作ってしまうと、常に強いチームは作れない。

結局はバランス、つまりは調和が大事なんだ。

選手個人には精神的なバランスを求めたい。一日中緊張していてもだめだし、一日中リラックスしてもいけない。緊張とリラックスと自信をバランスよく兼ね備えておきたい。

引退後は、講演や解説などで全国を飛び回っている。野球界への恩返しはまだ始まったばかり。

第17章 挑戦

社会と野球の関係をより密接にすることで、
野球界をさらに発展させていく。
それこそ、僕を含めて
野球界にお世話になった人が
果たすべき使命だ。

課題山積《かだいさんせき》。今の野球界には文字どおり、課題が山のように積もっている。

ユニフォームを脱いでから、僕にはまだまだ勉強しなければならないことはたくさんあるのだと思い知らされた。だから指導者の勉強の一環として、プロ野球だけではなく、少年野球、高校野球、社会人やクラブチーム、独立リーグなど、日本の様々な野球界の関係者とできる限り直接に会って、お話しさせてもらえるように心がけている。お世話になった日本の野球界に恩返しするためにはどうすればいいのか、それぞれの団体の方々と日々、模索《もさく》しているのだ。

子どもたちの野球については、自分で立ちあげた少年野球のチームを通じていろんな実務にタッチしてきた。だからこそ、自分自身でたくさんの問題に直面している。硬式の少年野球については、以前に比べてずいぶんいろんなことが改善されているように感じる。昔は閉鎖的で同じリーグ内でしか試合をしてはいけなかったのが、今は申請《しんせい》すればどのリーグのチームと試合をしてもいいことになったのだから大いなる進歩かもしれない。

また、日本高校野球連盟の参事（当時）で、高校1年生の頃から、お付き合いさせていただいている田名部《たなべ》和裕《かずひろ》さん（現・日本学生野球協会理事）とゆっくりお話をし、いろいろな話を聞かせていただいている。現状の甲子園大会のやり方は選手をつぶすという批判を受け、準々決勝を1日4試合から、2日で2試合ずつに変更した経緯や、ドクターのアドバイスを取り入れて肩や肘《ひじ》の検査をしっかりと行うようになったというお話には深く感《かん》銘《めい》を受けた。そして、僕なりの観点からいくつかアドバイスもさせていただいた。

僕自身、現役の頃に感じていたプロとアマの壁については、田名部さんも、素晴らしい野球観をもっているプロの選手に対しては、その壁を取り払ってどんどん受け入れられる環境を整えるべきだとおっしゃっていた。実際、ドラフトでプロに指名された高校3年生は、プロとの契約後も卒業までは野球部の練習に参加できるようになったのだが、これさえも大いなる前進。アマチュア球界とプロのスカウトとの関係を良好にするために、スカウトにIDカードを携帯してもらって活動することも、プロ・アマの関係を公明正大《こうめいせいだい》に保つために必要なことだと力説されていた。

これからの日本を背負っていく選手を育てていくためには、子どもたちを育てる指導者に対しても、きちんと意見交換できる存在が必要なのだ。それがこれから僕が挑戦したいと思っていることだ。僣越《せんえつ》だけれど、僕にそういう役割ができたら本望《ほんもう》だと考えている。

指導者を育成していくことは大事なこと。第7章でも触れたけれど志《こころざし》のある人に良い刺激を与えることができれば、指導者としての才能が一気に開花することもある。いい指導者がいてこそ、素晴らしい選手をたくさん育てることができるし、そういう選手が将来の日本球界を引っ張っていってくれるのだと思う。だから、選手よりもむしろ先にそういう指導者を育成しなければならないし、できうれば、指導者育成の施設を造りたいと考えている。

僕自身も指導者としてはまだ発展途上で、勉強中の立場にいる。もし将来コーチや監督になるとしたら、もっと勉強しておかないと後輩たちに失礼だと思う。

初めてJリーグを観戦に行ったときに、サッカーの世界ではサッカー協会が発行するライセンスを取得《しゅとく》できないと監督にはなれないのだと聞いた。それに比べると野球界には監督になるためのライセンスはなく、学生時代の野球経験者やプロ野球OBであるとか、選手時代の実績や人気で選出する傾向があり、指導力や野球観などは、あまり重視されていないように感じる。

指導者の資格がない野球だからこそ、僕は勉強の必要性を感じている。自分の経験で「これはこうだよ」「オレはこうやってきた」「実績のある人がやっていたからやりなさい」では、説得力に欠ける。僕は、物事の裏側にある仕組みや科学的根拠を踏まえたうえで意見して、それから後輩たちを指導できたらと考えている。僕もそういう指導者を欲してきたし、人生において、勉強してきた指導者と巡《めぐ》り会えるというのはなかなか難しいことだ。

そのための準備として、現役時代から、まず小学生を3年間にわたって指導して、それから中学生の野球チームを作って、教えてきた。現役生活の最後にはアメリカの野球も経験して、メジャーだけではなく、マイナーがどういうものなのかということも肌《はだ》で感じてきた。

ユニフォームを脱いだ後の一年間、早稲田大学大学院で学ばせていただいた。修士論文では現在も根強く残る「精神野球」や「根性野球」のルーツを踏まえたうえで、今後の野球界の改善や発展について考えた。良い伝統は継承し、悪しき伝統は断ち切りたい。野球界にはいまだに走り込み、打ち込み、投げ込みという「貯めこむ」という思想が残っている。しかし、8月の暑い季節にスタミナを発揮できるように2月に走りこんだり、３００0球も投げこんでスタミナは蓄えられるのだろうか。また、理不尽な「しごき」や「上下関係」「体罰」で野球を楽しめるのだろうか? こうした誤った認識や練習が嫌で、野球から離れてしまった人が大勢いる。誤った常識は改革したい。そのためには、指導者が健全な「育成」という理念を掲げて指導していかなくてはいけないのだ。

高校を卒業するとき、早稲田に進学するか、ジャイアンツに入団するか、神様に「僕にとって、最高の道をください」と祈ったのだが、あのときの道には続きがあったのだ。

この間、近所の広場で子どもと野球をしていたお父さんがいた。本格的には野球をやったことがなさそうなお父さんの説明に、丸坊主《まるぼうず》の子どもが「うん、うん」と真剣に聞いている姿が印象《いんしょう》的だった。そのときに、こういう土壌《どじょう》があることが大事なんだと思った。

小学校、中学校、高校まで野球が好きだった人が、それから違う道へ行ったとしても野球が好きでファンでいてくれる。そういう人たちが裾野《すその》を広げてくれていることが大事だと思ったのだ。

プロ野球は諦《あきら》めたかもしれない、やめたかもしれないけれど、「野球をやってよかったな。野球に育てられたな」と思えるような野球界にしていかなければならない。野球で培《つちか》ったスポーツマンシップでお医者さんになったり、料理人になったり、会社員になったりする。その先々で野球をサポートしてくれるようなシステムができたらうれしい。

お医者さんが子どもの患者さんに「キミは野球をやってるのか。先生も中学までがんばったんだぞ。プロ野球選手になれるといいな」と声をかけてあげるだけで勇気が与えられる、マスコミに就職して野球の魅力を伝えたり、弁護士になって選手の契約交渉をサポートしたり、鍼灸師《しんきゅうし》になって選手の身体《からだ》を治療してあげたり……そうやって、みんなで野球界をサポートしていく。社長になってスポンサーに名乗りをあげて、野球界をスポンサードしてくれる。

あらゆる立場の人たちが野球に携わることで野球界に好循環を生み出せるようにしたい。僕にとって、野球が好きな人すべてが好循環を生み出す大切な仲間であり同志である。

野球界と社会のつながりを密接にしたい。その挑戦はまだ始まったばかりなのだ。

第18章 心の野球

「18」に並々ならぬ思いを抱いていた桑田は、命をかけてジャイアンツの18番を守ってきた。

野球は一人ではできない。
みんなでやるスポーツだから、
チームメイトと心を一つにしたい。
だからこそ、
数字や結果と同じくらい、
目に見えない心を大切にする。
それが僕がたどり着いた
「心の野球」。

野球を始めた2歳から、40歳までの間に野球を通じて学ばせてもらったことを18章立てでお伝えした。今回の本を書くにあたって、この「18」章立てというのはどうしても実現したかった。

それはやはり、「18」という数字に思い入れがあるから。

僕は命をかけてジャイアンツの18番を守ってきたつもりだ。

藤田元司さん、堀内恒夫《ほりうちつねお》さんと48年もの間、3人だけで守ってきたジャイアンツの18番を決して汚《けが》しちゃいけないし、できたら少しでも大きくしたいという気持ちで21年間、18番をつけていた。

18という番号は自分のなかで尊《とうと》いものだったから、体調が整っていながら一軍で投げる機会がなかった2006年は、その18番が僕にとってはとてつもなく重荷だった。背番号には役割があって、身体《からだ》つきと番号を見ているだけでその選手がどんなタイプなのか、わかるもの。レギュラー番号とか、エース番号とか、控《ひか》えのピッチャーだなとか、左のエースだなとか、番号にも顔がある。僕はジャイアンツのエースナンバーだといわれていた18番をつけているというのに、二軍にいた……18番というのは、怪我《けが》をしてリハビリをしているわけでもないのに、二軍にいていい番号ではない。エースナンバーというのは、一軍でチームの柱となって、みんなを牽引《けんいん》していかなければいけない番号なのだから。

僕は、この背番号をいただいたときから、それにふさわしい選手、人間になろうと思ってずっと自分なりに努力してきた。18番は一軍で活躍しなきゃいけない番号。だからこそ晩年のシーズン終了後に「18番をお返しします」と話をしたことがあった。チームに貢献《こうけん》できていないのにつけているのは18番に対して申し訳ないと思ったからだ。

結局は慰留《いりゅう》されて、最後まで付けることができた。結果が出せない、チームに貢献できないなかで18番をつけるのは苦痛ではあったけれど、僕は二軍にいても18番にふさわしい野球への姿勢を示さなければならないと思っていた。ジャイアンツの18番を背負う人は、結果を残すことがもっとも大事な仕事だと思うが、それ以外にも大事な役目はいっぱいある。逆境でもがんばれる、がんばる姿勢を示す、それもまた18番の仕事なのだ。たとえ二軍にいたとしても、だらだらと練習するわけにはいかない。毎日、ベストを尽くして練習する姿を見せることによって、ジャイアンツの若い選手たちに与えるいい影響というのもあると思う。それも自分の役目だったと思う。だから、18番を返すタイミングも自分自身で自然に悟っていた。愛着あるジャイアンツを去り、メジャーに挑戦することを決めた理由のひとつは、18番という背番号だったと思う。愛する18番を捨てても、20歳の頃から夢見ていたメジャーという舞台に挑戦しようと決断したのは、たった一度しかない野球人生、その終わりが刻一刻《こくいっこく》と近づくなかで自分がどこまで自分の力を発揮《はっき》できるのかを見極めたかったからだ。もちろん、そこまで割り切るにはかなりの苦労が必要だったが、そのおかげでパイレーツでも18番を背負って投げることができたのだから、本当に幸せだった。

しかも、メジャーデビュー戦ではヤンキースを相手にデレック・ジーターやアレックス・ロドリゲス、松井秀喜《まついひでき》君らと対戦することができた。マリナーズ戦ではイチロー君を三振に打ち取ることもできた。最終的に、僕の野球人生を18番で締めくくることができたのだから、どんなに感謝してもしきれない。

そうやって考えていくと、僕がプロの世界に飛び込んだとき、いきなり背番号18をいただけたということが、何よりも感謝しなければならない出来事だったのかもしれない。

1985年の秋、ドラフト1位指名を受けた高校生の僕が、PL学園を訪《おとず》れたジャイアンツのスカウトの方と会ったときのこと。

僕の目の前にスカウトの方が風呂敷《ふろしき》包みを置いた。それは、僕が子どもの頃から憧《あこが》れ続けたジャイアンツのユニフォームだった。ドキドキと胸を高鳴らせながら、その包みを開くと、どうやら背中が上になっているようだった。背番号は何番だろう……まず初めに、左側の「1」が見えたので、あっ、10番台だと思った。ジャイアンツから背番号の希望を聞かれていた僕は、「空いているなかで、できるだけ18番に近い番号をください」と伝えていたので、これは17か19かなと期待した。もちろん18番に対する畏敬《いけい》の念を抱《いだ》いていたからこそ、18番に近い番号を希望したのだけれど、だからといって、いきなり17歳の高校生が「18番がいい」だなんて言ったら、怖いもの知らずにも程《ほど》がある。とはいえ、いま考えれば10番台というのも畏《おそれ》多い希望なのだが……そして、胸の高ぶりを抑《おさ》えられないまま、風呂敷をさらに開いた次の瞬間、僕は自分の目を疑った。

まさか……その、まさかだったのだ。

ジャイアンツの18番。その数字の上には「KUWATA」と僕の名前が入っている。僕はあまりのことに、

「いいんですか……」

とつぶやくのが精一杯。まだ17歳の高校生だった僕がさりげなく伝えていたつもりの想《おも》いを、天下のジャイアンツがちゃんと汲《く》み取ってくれていたことがうれしくて、心が揺《ゆ》さぶられた瞬間だった。

僕は自分自身に誓った。

「このジャイアンツの誠意に、自分の命をかけて応《こた》えよう」と。

だから僕は21年の間、誇りをもってこの番号をつけ、守り続けたのである。

アメリカに渡ってからの僕は、背番号18への想いを封印した。人知れず心のなかでじっと念じていれば、願いはいつか叶《かな》う。そう信じていた。だから招待選手として参加したパイレーツのスプリングトレーニングでは、僕の背番号は52と決まっていたが、キャンプ地に到着してアメリカ人にサインをねだられても背番号は書かず、横書きで「Ｋｕｗａｔａ」とだけサインをしていた。なぜなら、52番は僕にとっては仮の番号であり、本当の番号はメジャーリーグに昇格したときに神様がくれるものだと思っていたから。だから、メジャーのユニフォームに袖《そで》を通し背番号をもらうまでは、番号は絶対に書きたくなかった。

強い想いを安直に口にさえしなければ、奇跡は必ず起こる。そう信じていた僕に、野球の神様が微笑《ほほえ》んでくれた。

6月9日にメジャー昇格が決まり、インディアナポリスからヤンキース戦のあるニューヨークまで飛行機で移動していた、その乗り継ぎのために降り立ったハートフォードの空港でのこと。僕に同行していた記者さんが、こう言った。

「桑田さん、背番号が18に決まりました」

その瞬間、僕は全身に震えを感じた。

「ウソでしょ？　ホント？」

と返事をするのが精一杯で、あとはもう、流れ落ちる涙を隠《かく》すために窓のほうを向くしかなかった。

ジャイアンツを離れ、メジャーに挑戦することになったときには、心のなかで強く念じてはいたけれど、18番をつけられなくなっても仕方がない、もし18番じゃなくても自分がする野球は変わらないと決心していた。だからこそ、「背番号は何番でもいいです」と常々言っていたし、球団から「リクエストはないか」と言われたときも、あえて言わなかった。もらうことになる番号が、野球の神様から与えられる番号だと思っていたので、僕は最後の最後まで18という番号は言わなかった。

当時、パイレーツの18番は、２０００年のドラフト1位で入団した期待の左腕、ショーン・バーネットという選手がつけていた。ところがバーネットはそのとき、メジャーに残ることができず、マイナーにいた。そんな巡《めぐ》り合わせもあって、僕に18番を与えていただいたのだと思う。

野球の神様が僕にくれた、最高のプレゼントだった。

メジャーでは、背番号を決めるのに用具係のチーフの人がかなりの権限をもっているという話を聞いていた。そこで、メジャーに合流してからすぐ、その方のところに挨拶《あいさつ》に行

って、

「ありがとうございます」

と感謝の言葉を述べた。すると彼が、

「この番号が欲しかったんだろう。うれしいかい？」

と言うので、驚いた。どうやら、日本のメディアの方々が、僕の18番に対する想いを、あの手この手を使って、いろんな人に伝えてくれていたらしい。パイレーツの関係者は、日本での僕のことを知らない人がほとんどなのに、そうやって心遣《こころづか》いをしてくれたことに、感動した。パイレーツからオファーをいただいたとき、「この球団だ！」という第一感が働いたことを思い出し、僕はパイレーツに入って本当によかったと、またまた感謝した。

そして、ジャイアンツの伝統や、選手として大切なことをたくさん教えていただいた王さんや長嶋さん、藤田さんや堀内さんをはじめ、数多くの先輩、仲間たちに、アメリカから想いを馳《は》せ、感謝の気持ちを心のなかでつぶやいた。

ヤンキー・スタジアムのクラブハウスに初めて入ったとき、ロッカーに、18番のパイレーツのユニフォームが掛かっているのを見つけた。その番号の上に「ＫＵＷＡＴＡ」と入っているのを見た瞬間、21年も前に風呂敷をほどいてジャイアンツの18番の上に僕の名前が入っていた、あのときの胸の高鳴りを思い出した。

ジャイアンツには、まだ18番の後継者は現れていない。時が来ればスッと現れるものだと信じている。逆に、そんなに簡単であってほしくないという想いも、もちろんある。今は時代が違うけれど、苦労して苦労して、やっと手に入れたというプライドをもち続けた人がそこに君臨《くんりん》して、またそれを見習う若い人が出てきて、それを受け継いでいってくれたらいいなと思う。

ここから「18」章の本題に入りたい。

僕がおよそ40年、野球に携《たずさ》わってきて、自分が求めていた野球は何かということを考えたときに自然に湧《わ》き上がってきた言葉がある。

それが「心の野球」。

心の野球というのは、スポーツマン精神の備わった、野球道に則《のっと》った野球だと思っている。

1995年5月24日。阪神タイガース戦で、ファウルボールにダイビングし、僕は肘《ひじ》の怪我を負った。そして、気づいたことがある。怪我をする前までは、技術とか結果とか、そういう目に見えるものばかりを追いかけていた。でも、手術して、自分の最大の武器を失って何もない状態に陥《おちい》ったとき、自分を振り返ってみたら、お金とか権力とか記録とかタイトルとか、そういうものはあの世へはもっていけないことに気づいた。

病院のベッドに横になりながら、僕は誓った。

「この手術を終えて、リハビリを乗り越えて復活できたら、心を大事にした野球をやろう」

人間にとって最も大事なのは、お金や権力みたいなものではなくて、心なんだ、ということを野球によって導《みちび》いてもらった。心を大事にしながら、大好きな野球をしたかった。

だから、「心の野球」という言葉が湧き上がってきたのだ。

日本では、聖徳太子も「和をもって貴《とうと》しとし……」と言っているように、古くから和が重んじられてきた。何事においても、和が必要だ。

それは球団運営にも当てはまる。選手が問題を起こしたときにどのように対応するか。球団の毅然とした対応が、プロ野球選手としての立《た》ち居《い》振《ふ》る舞《ま》いを、選手たちに教えることになる。単に野球がうまければいいというのではなく、人間として、社会人としての教育をすることは球団に課せられた責任なのではないか。

こういう僕の考え方は今の時代にはそぐわないのかもしれない。金銭至上《しじょう》主義の世の中で心とか情とか、そういう言葉を口にしたところで、なんやねんと思う人も少なくないのかもしれない。

それでも僕は、最後までそういう生き方をしたいし、逆境をチームの和と結束に結びつけたいとまで思っている。

この考え方は、たとえば高校生などの喫煙や暴力事件などで処分を受けるチームにも応用できるはずだ。


僕が、ピッチャーとして大切にしてきたことがある。

それは、インコースの使い方だ。

僕は右肘の手術をしてから、低めにピッと伸びていく僕ならではのボールを追い求め続けた。でも、残念ながらメスを入れた右肘ではそう簡単には昔のボールを投げることはできなかった。だからこそ、投球術を学び、コントロールを磨《みが》こうとしてきた。

僕の目指してきたコントロールというのは、アウトローが基本。右バッターのアウトローいっぱいに、直球を決める。僕の引退試合として銘打《めいう》っていただいた2008年9月23日、埼玉県の越谷《こしがや》市民球場での試合で、茨城《いばらき》ゴールデンゴールズの萩本欽一《はぎもときんいち》さんを相手に投げさせてもらった、最後のボール。あれこそが、僕の目指していたアウトローいっぱいの軌道《きどう》であった。

スピードが落ちたジャイアンツでの最後の何年間か、周囲からいつも同じことを言われ続けていた。

「顔の近くに投げろ」

「インコースで相手をのけぞらせるボールを使わないと、思い切って踏み込まれてしまうぞ」

「ベルトから下であっても、インサイドを抉《えぐ》ればバッターは踏み込めなくなる」

「インサイドを攻めれば、まだまだやれるはずだ」

しかし、頑《がん》として、そんな声に耳を塞《ふさ》いだ。

もちろん、インコースへのボールは使う。でも、バッターがさけなければ当たるかもしれないようなところに投げるなんて、僕は野球だとは思えない。それがジャイアンツのピッチャーに受け継がれてきた、よき伝統だと思うし、僕自身のこだわりでもある。

もちろん、インサイドを抉るようなボールを投げるのも高度な技術だし、素晴らしいと思うが、僕は自分の好きな野球をやりたかった。プロとしてマウンドに立っている以上、自分に正直でいたかった。

「きれいなピッチングばかりしていたら、ダメだ」ということはいろんな人が言ってきた。でも、僕は僕。このピッチングのことを好きだって言ってくれる人が僕のファンだし、それでいいんじゃないかと思う。

自分のため、その人たちのために、自分の野球をすればそれでいい。一生懸命、投げて、一生懸命、守る。インコースを厳しくつけというのなら、自分の気持ちを入れて、アウトローいっぱいへ投げることを選びたい。気持ちを入れれば1センチの違いのコントロールもできる。1センチ上でも、下でもいい。その違いが、ホームランを外野フライにしてくれるし、ヒットを内野ゴロにしてくれる。もし、アウトローのボールに踏み込まれて、芯《しん》を食って、痛烈なピッチャー返しを打たれたら、そのライナーを捌《さば》いてアウトにすればいい。センターオーバーの当たりでも、センターが捕《と》ってくれるのを祈ればいい。

それが野球だし、桑田真澄がピッチャーとして大切にしてきた「心の野球」なんだ。

どんなに苦しいときでも、男は卑怯《ひきょう》なことをしてはいけない。

そういうときこそ、本当の自分が出る。

練習はサボるけれど、試合では結果を出す選手がいてもいいと思う。でも、僕はそんな選手をかっこいいとは思わない。そういう活躍の仕方、勝ち方よりも、努力してもがいて、苦しんだうえに摑んだ勝利にこそ価値があると思う。

僕は150キロのストレートを投げるわけでもない。

打者に対して迫力のあるピッチングフォームでもない。

絶対的な決め球となるようなすごい変化球があるわけでもない。

それでも一球一球に心を込めて、何万球というボールを投げてきた。

ボールに真心を込めると個性が出てくる。

自分にしか投げられないボールになる。

スピードガンに表示されない「目に見えない」力が僕のピッチングを支えてくれた。

野球というのは、目に見えないものを大事にするべきだ。数字だけで選手を獲得したり、起用したりしたら、やっぱりダメだと思う。とくに、今のアメリカでは、数字がすべてを測る尺度だという潮流《ちょうりゅう》になっているし、それが日本にも浸透《しんとう》しつつある。そんな時代だからこそ、目には見えない、心を大事にした野球を観《み》たい。

少年野球を指導するときも、その心の野球を実践している。試合中であっても、練習中でも、いつでも話をする。エラーしても、打てなくてもいい。そういう子どもには、

「エラーしないように、打てるように練習すればいいじゃないか。これからいくらでも努力できるんだから、がんばろうよ」

と話す。

満塁ホームランを打った子どもには、

「ホームランは素晴らしかったけど、そのホームランが逆転サヨナラ満塁ホームランにな

ったのは、お前の前に3人もランナーが出てくれたからだよな。ランナーが誰もいなかったら、あのホームランは1点だけで試合も負けていたかもしれない。だから、ホームランを打ったお前が、前にランナーとして出てくれた3人に、ありがとうという感謝の気持ちをもたなければダメなんだよ。がんばったお前をヒーローにしてくれたのは、あの3人なんだから」

と話す。

そういう心のもち方が、子どもだけでなく、大人にも必要だと思うのだ。少年野球の練習内容については、根性論ではなく、科学的な要素を多く取り入れているが、それだけでは決してうまくいかない。科学的なことと精神的なことの両面が揃《そろ》ってはじめて人間性が向上して、野球も上達すると僕は考えている。だから、この点でも、僕は目には見えない部分を大事にしているのだ。

野球は一人ではできない。グラウンド上の9人だけでやるスポーツでもない。監督がいて、サブのメンバーがいて、応援してくれる家族がいる。みんなでやるスポーツが野球なんだ。

野球のいいところは、一緒に戦っている実感を味わえることだと思う。自分がよければみんなを助けてあげられるし、自分が苦しいときは誰かが助けてくれる。お互いが声をかけるとか、そういうわべのことだけじゃなくて、目に見えない信頼とか想い、そういう気持ちはベンチからも遠くで守っている野手からもマウンドには伝わってくる。そうやって一つの心でつながる野球が僕は好きだ。

その昔、戦国大名の一人、毛利元就《もうりもとなり》が3人の子どもたちを集めて、

「1本の矢では1人の力で折ることができるが、3本束ねると簡単には折れない」

という喩《たと》えを用いて、3人の結束がいかに大切かという話をしたと伝えられている。僕はこれを今の子にわかりやすいように、割り箸《ばし》に喩えて話す。どんなに最高の木材を使った割り箸でも、折ろうと思えば、簡単に折れてしまう。それが、何十本も一緒になったら、絶対に折れない。それが団体競技に必要な和。すごい選手が一人か二人いるけれども和のないチームより、すごい選手がいなくても気持ちが結集したチームのほうが強いのが、野球の面白さである。和があるチームには「目に見えない力」が後押ししてくれる。

僕の野球観とほかの人の野球観は違うし、正解は一つじゃないから、僕の野球観がすべてではない。でも、僕はみんなと心でつながって戦いたい。正直、理論的には説明できないけれども、目に見えない心の部分を大事にして、スポーツマンとして、男として、人間として、仲間と信頼をし合える関係でありたいと思っている。だから、僕がいつか監督を務めることになったら、この「心の野球」を実践していきたい。そう考えている。

終章

“わしえら”で学ぶ

第二の野球人生に向けて

引退して一歩引いて野球界を見て思ったこと。

それは、日本の野球界のシステムが自分が考えていた以上に改善すべき点が多いし、経済的にも欠陥《けっかん》を抱えているということ。このままでは日本野球がスムーズに発展していかないであろうことが容易に想像できた。それに、経済不況が叫ばれているなか、この状況を打破できるのは「スポーツ」であり、「文化」や「芸術」だと僕は思っている。人は感動するものにはお金を払う。だからこそ、今後は「スポーツビジネス」はより大事になってくる。

そこで僕ができることは何か。それは、野球界のシステムを整備し、改善していくことではないか。そうすることで、野球に恩返しができると考えた。そのために、僕はまず

「勉強」をしなければならなかった。

僕はプロ野球界で様々なことを経験してきた。けれども、僕一人の経験で意見を言っても、それでは何も変わらない。確かにアドバイスすれば、選手のプレーがよくなり、チームが強くなるかもしれないけれど、野球界全体、ひいては日本のスポーツ界全体がよくなるためには、やはりしっかりとその道の勉強をしつつ、自分の経験を融合《ゆうごう》させていかなければならないだろう。

本書のなかで、僕はよく表と裏という表現をした。この二つのことを両立させるのが僕は好き。だから、学生時代には勉強と野球を両立できるように努力した。それは野球界にも当てはまる。球団は選手たちが強いだけではなく、ビジネス面でも成功しないといけない。今は多くの球団が経営面でうまくいっておらず、赤字経営になり、親会社からのサポートに甘えている。この現状は変えていかねばならない。赤字になってしまえば、育成にも、アマチュアにもお金を使えなくなる。そうなれば、いい選手も育たないし、いい選手を見つけることもできないから、野球界全体に大きなダメージを与え、ひいては衰退《すいたい》への道を辿《たど》っていく。

そう考えれば、僕自身が経済のことも知っておかねばならないだろうし、法律にもある程度《ていど》精通しなくてはならない。現場のことは、もう誰よりもわかっている僕だから、経済・法律の大枠《おおわく》を身につけられればより広い視点で野球界を見ることができる。そう考えて、僕は不惑《ふわく》を超えてからの大学院進学を決意したのだ。

２００９年4月からの1年、早稲田大学大学院スポーツ科学研究科に通った。

授業では法律、経済学、経営学、行動科学（心理学）、財務会計、ＭＢＡ、経営管理を勉強した。あとは体育とスポーツというカテゴリーもあった。人間が健康になるためには、当然、適度な運動が必要で、その運動するための身近な設備をこれからの日本はどのようにして整備していかなければならないのか。そういうことも頭に入れながら、授業を受けていた。

前期は週5日、大学に通った。授業は火・水・木・金曜日が2限ずつ（1限90分）で計８限。土曜日は一日で6限もある。一コマ90分の講義を朝の9時から夜の８時までずっと受けているうちに首の筋肉が固まり、回らなくなってしまった。

予習復習も大変だし、宿題もきっちり出るから、それを締め切りまでにメールで先生に送信する。だいたいいつも締切日のぎりぎりだ。夜の23時54分とか、23時59分とか、間際《まぎわ》まで悩んで苦しんで課題を提出していた。周りには「クワタさん、どうせ夜中に送っても先生は見ないんだから、朝までやってから送っても一緒ですよ」と言われたこともある。

2009年12月12日。早大準硬式野球部ＯＢ戦にオール早稲田の「4番・投手」として先発出場した。

それでも僕は期日をしっかり守りたい。

大学に通ってみて、改めて痛感したことがある。それは、僕は大変な状況や試練が好きなんだということ。わからないことに直面すると学ぶ喜びが湧《わ》き上がってくるし、時間的に追い詰められると「よっしゃあ、クワタ、これをどう乗り越えるんだ？」と内なる声が聞こえてくる。おそらく僕は、こういう試練を乗り越える自分を見たいんだと思う。

大学に入って、まず最初の試練は「パワポ」だった。

合格通知を受けたあと、その夜に大学からメールが届いた。

「明後日、合格者だけ集合します。そこで自己紹介してください。パワーポイントで各自5分でお願いします」

と、そこには書いてあった。

パワーポイント……ってなんや！

あわてて知り合いに電話をした。

「パワーポイントって何？」と。

「パソコンに入っているでしょ？」と言われたんだけれど、入っていなかったからあわてて買ってきて、インストールした。それでパワポと格闘しながら、自己紹介用の資料を作った。

そして、いよいよ最初の授業での自己紹介の日。正直、「なるべくあとのほうの順番にならないかな」と思っていた。

「アイウエオ順で発表するのかな？　だったら、アズマ君という人がいたり、エから苗字《みようじ》がはじまる人もいたから、僕は早くても3番目以降だな。よし、10分は準備する時間があるな」

と考えていたら、

「じゃあ、まずクワタさんから」

と指名された。

「えー‼　僕からですか！」

一同大爆笑だった。

僕はおずおずとみんなの前に立って、慣れないパワーポイントを使って、自己紹介した。そして、研究目的を伝えるスピーチをした。

最後に、

「皆さんとともに、1年間しっかり勉強していきたいと思います」

それでぴったり5分。

僕のあとのメンバーは、10分くらいやったり、資料を配る人もいて、みんな手がこんでいた。

「あぁ、5分じゃ短かったな。みんなみたいに資料を用意したりしたほうがよかったかな」

と、ずいぶん落ち込んだ。

でも、全員終わったあとの先生の言葉に救われた。

「私は一人5分と言ったでしょう。5分きっちりでやったのはクワタさんだけだよ。次からは時間を守るように。それにね、資料を配った人いたでしょう。早稲田は紙を使わない！　パワポでと言ったら、パワポでやるんだ」

それ以来、発表のときはパワーポイントを使いこなして、20枚、30枚と発表資料を作っている。野球選手の中で僕ほど、パソコンを使いこなせる人はいないんじゃないだろうか、とよく記者の人と笑いあっている。

２００９年は仕事をセーブして、学校に本当にきっちり通い、自宅でも勉強した。息子たちは、僕が彼ら以上に勉強するから、戸惑《とまど》っていたかもしれない。授業では教室の一番前に陣取《じんど》り、わからないことは徹底《てってい》的に質問をした。せっかく授業料を払って学ぶ機会をいただいたのだから、と僕は必死で食らいついた。

大学生らしいこともたくさん経験できた。

２つのキャンパスを移動するときにはゼミのみんなで電車にも乗ったし、早稲田の近くの居酒屋で飲み会にも参加した。学食にも行った。安さに驚いたし、おいしかった。ゼミの仲間は、みんな「親子丼」とか「カレー」とか、一品でドーンっていう料理が多いみたいだったけれど、ここでも僕はバランスを考えて、お魚、ひじき、キンピラなどをとるから、お盆は小皿でいっぱいになった。

そうやって学生生活を満喫《まんきつ》して、早稲田のキャンパスを歩いていると、ときどき、亡くなったおばあちゃんの声が聞こえてきて、涙が出てくるときがある。

僕が小学生のとき、おばあちゃんの子守唄《こもりうた》はなぜか早稲田大学の校歌だった。おじいちゃんが早稲田だったから、おばあちゃんは「わしぇら（早稲田）〜♪わしぇら〜♪」と歌ってくれ、「ましゅみしゃんは、おじいちゃんと同じ、わしぇらに行くんですよ」と言っていた。

実際、その学校のキャンパスで勉強していると思うと感無量で胸が熱くなると同時に、いまここで学べる幸福をかみ締《し》めていた。

人間は限られた時間しか生きていることができない。２００年も３００年も生きられない。それなのに、いつ死ぬかもわからない。だからこそ、野球界の後輩にはこう伝えたいと思っている。

「プロ野球の世界にはずっといられるわけではない。平均すれば、28、29歳で引退しなければならない。それに、人間はいつ死ぬかわからないのだからこそ、一日一日、後悔なきよう燃え尽きなければならない」

２０１０年３月25日。僕は大学院の卒業式を迎えた。成績は首席だったため、卒業生総代を務めさせていただいた。提出した修士論文は「最優秀論文」と「濱野賞（日本スポーツ産業学会からの表彰）」を受賞するなど、大学院生活は充実した一年であった。

僕の実績と、早稲田で学んだことを活《い》かして、いかに野球界に還元していけばいいのか。頭の中で、いろいろなアイデアが浮かんでいる。

第二の野球人生がいよいよ始まるのだとワクワクしている。

あとがきにかえて

早朝、ちょうど卒業論文を書いているときだった。携帯電話が何度か鳴っていた。僕は余裕がなかったので出なかったら、今度は家の電話にかかってきた。おや⁉　何かなと、ちょっといやな予感がして受話器を取った。そして、

「お父さんが火事で亡くなったよ」

と、父の知り合いの方が教えてくれた。

「分かりました。今日の予定をキャンセルして向かいます」

衝撃的な事実であったのに、なぜか冷静だった。でも、電話を切ったその瞬間から胸に湧き上がるものがあった。

僕は考えた。

〝火事か。逃げられなかったのかな〟

不思議と涙は出てこなかった。そして、次の瞬間に別のことが頭をよぎった。

〝火事だったら、父は逃げることはできたはず。あえて逃げなかったんじゃないだろうか〟

父はすでに人生に満足していて、納得して、逃げなかった。逃げられるチャンスがあるのに、逃げなかった。そんな気がしたのだ。

僕は人前で涙を流したことはほとんどなかった。でも、告別式のときは別だった。父と幼い頃キャッチボールしたことがブワーッと蘇ってきて、涙が止まらなくなってしまった。

今ここに在る僕の原点は父だった。野球の基本であるキャッチボールを厳しく教えてくれた。現代版「巨人の星」と喩《たと》えても遜色ないくらい厳しかった。

告別式には父が指導していた浜松ジャイアンツの子どもたちや関

係した方々が来てくれて、僕はこう話しかけた。

「来てくれてありがとうね。僕の親父の練習は厳しかったでしょう」

するとと少年たちは口々にこう言った。

「僕たち、監督に怒られたことないです。いつも、いいところを誉めてくれる優しい監督でした」

そしてまた、涙が止まらなくなった。

あの厳しかった親父が、誉めて誉めて子供たちの背中を押すような指導をしていた。「ただ厳しくやるのは時代遅れだ」と僕が言っていたことを親父は理解して実践していたのではないか。そんな想いが、父に通じていたのかもしれないと、たまらない気持ちになった。

人はいつ死ぬか分からない。今まで様々な機会にこの話をしてきたのだけれど、自分の親を見送って改めてそれを痛感した。

だからこそ、今を大切にしなければならない――。

今回の本を書くにあたって、ベースボールライターの石田雄太さん、僕のマネジメントを請け負ってくれているノウハウのみなさん、幻冬舎の舘野晴彦さん、二本柳陵介さんには本当に多くのアドバイスをいただいた。

また、対戦してきた選手たち、指導者のみなさん、そして、家族や兄弟。僕を見守り、支えてくれたみんなに感謝したい。

ありがとうございました。

そして、これからもどうぞよろしく。

桑田真澄

全記録 —桑田真澄の軌跡—

年度別投手成績

★部分はタイトル獲得

年	所属	試合	勝利	敗戦	セーブ	投球回数	奪三振	防御率
1986	巨 人	15	2	1	0	61 1/3	57	5.14
1987	〃	28	15	6	0	207 2/3	151	2.17★
1988	〃	27	10	11	0	198 1/3	139	3.40
1989	〃	30	17	9	0	249	155	2.60
1990	〃	23	14	7	0	186 1/3	115	2.51
1991	〃	28	16	8	1	227 2/3	175	3.16
1992	〃	29	10	14	0	210 1/3	152	4.41
1993	〃	26	8	15	0	178	158	3.99
1994	〃	28	14	11	1	207 1/3	185★	2.52
1995	〃	9	3	3	0	65 1/3	61	2.48
1996	〃	−	−	−	−	−	−	−
1997	〃	26	10	7	0	141	104	3.77
1998	〃	27	16	5	0	181	116	4.08
1999	〃	32	8	9	5	141 2/3	100	4.07
2000	〃	30	5	8	5	86	49	4.50
2001	〃	16	4	5	2	50 1/3	31	4.83
2002	〃	23	12	6	0	158 1/3	108	2.22★
2003	〃	14	5	3	0	71 1/3	46	5.93
2004	〃	16	3	5	0	79 1/3	39	6.47
2005	〃	12	0	7	0	49 2/3	34	7.25
2006	〃	3	1	1	0	11 2/3	5	6.94
	日本通算	442	173	141	14	2761 2/3	1980	3.55
2007	パイレーツ	19	0	1	0	21	12	9.43

獲得タイトル

セ・リーグ最優秀選手	94年
最優秀投手	87年
最優秀防御率	87、02年
最多奪三振	94年
最優秀バッテリー賞	94年（捕手は村田真一）
最高勝率	98年
沢村賞	87年
ベストナイン	87年
ゴールデングラブ賞	87、88、91、93、94、97、98、02年
オールスターゲーム選出	87、88、89、91、92、93、94、97年

甲子園通算成績（PL学園／1983〜1985年）

試合	勝利	敗戦	投球回数	被安打率	奪三振率	四死球率	失点	自責点	防御率
25	20	3	197 2/3	6.42	6.83	1.27	37	34	1.55

プロフィール

桑田真澄
Masumi Kuwata

1968年4月1日生まれ。
大阪府八尾市出身。
身長174cm。
体重80kg。
血液型AB型。
右投げ右打ち。

PL学園高校では1年生からエースとして活躍。
1年夏、2年春夏、3年春夏と5大会連続甲子園出場。
2度の優勝、2度の準優勝、1度のベスト4。
甲子園通算20勝は戦後最多勝利。
甲子園通算計6本塁打も同期・清原和博の13本に次いで史上2位の記録。
1986年PL学園からドラフト1位で巨人に入団(背番号18)。
2006年巨人を退団。ピッツバーグ・パイレーツとマイナー契約。
2007年6月メジャーリーグ昇格(背番号18)。
2007年6月10日にヤンキース戦で初登板。
2007年8月パイレーツ退団。
2008年3月26日に現役引退を決意。
2009年4月早稲田大学大学院スポーツ科学研究科に入学、
2010年3月に総代首席で卒業。

引退直後、桑田の40歳の誕生日会にて。18本のロウソクとともに。

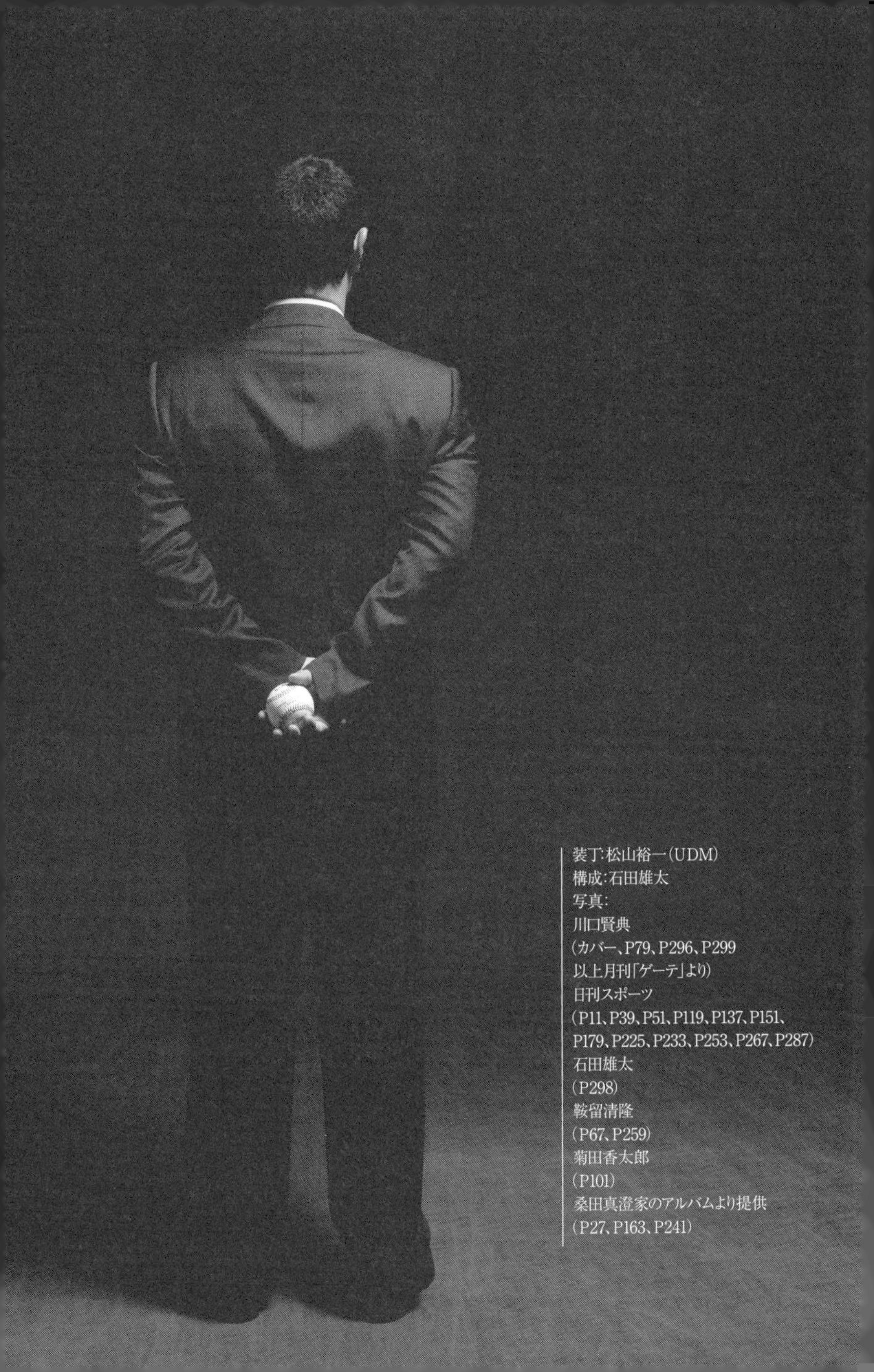

装丁：松山裕一（UDM）
構成：石田雄太
写真：
川口賢典
（カバー、P79、P296、P299
以上月刊「ゲーテ」より）
日刊スポーツ
（P11、P39、P51、P119、P137、P151、
P179、P225、P233、P253、P267、P287）
石田雄太
（P298）
鞍留清隆
（P67、P259）
菊田香太郎
（P101）
桑田真澄家のアルバムより提供
（P27、P163、P241）

GENTOSHA

心の野球
超効率的努力のススメ

2010年6月9日　第1刷発行
2010年8月10日　第6刷発行

著　者　桑田真澄
発行者　見城 徹

発行所　株式会社 幻冬舎
〒151-0051 東京都渋谷区千駄ヶ谷4-9-7

電話:03(5411)6211(編集)
03(5411)6222(営業)
振替:00120-8-767643
印刷・製本所:中央精版印刷株式会社

検印廃止

Printed in Japan
ISBN 978-4-344-01824-2 C0095
幻冬舎ホームページアドレス http://www.gentosha.co.jp/

この本に関するご意見・ご感想をメールでいただく場合は、
comment@gentosha.co.jpまで。